D1727761

HELLMUT BAUMANN

Die griechische Pflanzenwelt
in Mythos, Kunst und Literatur

REISE UND STUDIUM

HELLMUT BAUMANN

Die griechische Pflanzenwelt

in Mythos, Kunst und Literatur

2. überarbeitete Auflage

HIRMER VERLAG MÜNCHEN

CIP-Kurztitelaufnahme der Deutschen Bibliothek

Baumann, Hellmut:
Die griechische Pflanzenwelt in Mythos, Kunst
und Literatur / Hellmut Baumann. – 2., überarb.
Aufl. – München : Hirmer, 1986.
(Reise und Studium)
ISBN 3-7774-4250-X

© 1982, 1986 by Hirmer Verlag München GmbH
Lithos: Chemigraphia Gebr. Czech, München
Papier: Papierfabrik Scheufelen, Lenningen
Satz: Appl, Wemding
Druck: Kastner & Callwey, München
Bindearbeiten: Conzella, München
Schutzumschlagentwurf: Design Team, München
Printed in Germany

ISBN 3-7774-4250-X

INHALT

Fremder, sei willkomm' in gerühmtem Land . . .
in ewigem Schatten Tausend Früchte gedeih'n . . .
Tag für Tag unter himmlischem Tau
blüh'n die doldenschweren Narzissen,
der Götter heiliger Kranz,
und Krokus leuchtet in herrlichem Gold . . .

Sophokles, Oedipus auf Kolonos
Auszug aus einem Chorlied

VORWORT

Kaum ein Besucher der klassischen Orte des griechischen Altertums
ist nicht beeindruckt von der Schönheit der Landschaft, ihrem Licht
und der Vielfalt ihres Pflanzenkleides, die diese Stätten frühgriechi-
schen Lebens prägen. In dieser Landschaft entwickelte sich das Gei-
stesleben der alten Griechen, hier lebten ihre Götter und trugen sich
die Taten ihrer Helden zu. Auf den blumengeschmückten Wiesen
tummelten sich die Nymphen, hier verschrieb Hippokrates seine
Heilkräuter, und die Pflanzen lieferten die ornamentalen Grund-
formen zur griechischen Kunst.

Wer die griechische Antike ganz begreifen will, muß auch die Natur zu sehen wissen, die das Leben der Alten beeinflußte. Der griechische Mensch hat im Laufe der Jahrtausende Wandlungen durch-
gemacht, und von seinen Tempeln, Theatern und Markthallen, in
denen sich sein Leben abspielte, sind nur noch Bruchstücke erhalten.
Nur das Pflanzenkleid ist geblieben. Dieses Buch will daher die Antike zu ihrer natürlichen Umwelt in Beziehung bringen und dem Grie-
chenlandpilger gleichzeitig Einblick verschaffen in den außerordent-
lichen Reichtum der griechischen Flora. Sein Entstehen verdankt das
Buch der von zahlreichen Seiten an den Verfasser ergangenen Er-
munterung, seine auf einem umfangreichen Diaarchiv basierenden
Aufzeichnungen und Beobachtungen zum Thema der Pflanzen der
alten Griechen einem breiteren Publikum zugänglich zu machen.

Die durch den Rahmen dieses Buches gegebene Auswahl der beschriebenen und abgebildeten Pflanzen kann deren Bedeutung im antiken Leben nur andeuten. Ohne Rücksicht auf die Regeln der botanischen Systematik sind die einzelnen Gewächse nach deren Vorkommen in Mythos, Heilkunde, Kunst oder im täglichen Leben der Alten zusammengefaßt. Auf eine genaue botanische Beschreibung der einzelnen Pflanzen wurde bewußt verzichtet, da die mehrheitlich an ihrem natürlichen Standort aufgenommenen Bilder zur Identifizierung ausreichend sind. Für mehr Einzelheiten sei der botanisch interessierte Leser auf die in der Bibliographie angeführte Fachliteratur verwiesen.

Zur Bezeichnung der einzelnen Pflanzen wurden die gebräuchlichen deutschen Pflanzennamen gewählt, und wo solche fehlen, wörtliche Übersetzungen der wissenschaftlichen Namen angeführt, da solche am eindeutigsten sind. Die lateinischen Namen, die etymologisch über die Beziehungen der Pflanzen zur Vergangenheit einiges aussagen können, sind jeweils im Text oder in den Bildlegenden beigefügt. Sie richten sich nach »Flora Europaea«, bzw. für die dem europäischen Festland in botanischer Hinsicht nicht mehr zugeordneten Inseln der östlichen Ägäis nach Rechingers »Flora Aegaea«. Da viele der heute wissenschaftlich anerkannten Namen noch ungewohnt sind, wurden die entsprechenden Synonyme im Pflanzenregister unter Hinweis auf die heutige Benennung besonders angeführt. Dieses Register mit den deutschen und wissenschaftlichen Namen, Synonymen und Verweisen auf die heute gebräuchlichen Namen soll die Auffindung gesuchter Pflanzenarten in Text und Abbildungen erleichtern. Im Text sind die jeweils dazugehörigen Abbildungsnummern am Rande vermerkt, während die Bildlegenden mit Hilfe des Pflanzenregisters und des Personen- und Ortsverzeichnisses am Schluß des Buches leicht zum Text hinführen. Soweit griechische Pflanzennamen oder erklärende Wörter dazu zum besseren Verständnis der Etymologie angeführt werden mußten, sind diese nach dem neugriechischen Transskriptionssystem wiedergegeben.

Das für einen größeren Leserkreis gedachte Buch über die Pflanzen im Leben der alten Griechen beschränkt sich in der Quellenangabe auf den Nachweis der ihrem Sinne nach bestmöglichst wiedergegebenen Zitate und Belege aus den wichtigsten uns überlieferten Werken antiker Autoren, während der interessierte Leser in der Bibliographie Anregung zu weiterer Lektüre finden wird. Frühere Untersuchungen zum Thema, die größtenteils auf das letzte Jahrhundert zurückgehen, wurden während der letzten zwanzig Jahre durch eigene Beobachtungen und Nachforschungen sowie durch gezielte Illustrationen weiter entwickelt und ergänzt. Die erstmalige Gegenüberstellung von Bildmaterial und Hinweisen zur Flora der alten Griechen möge dem Fachmann wie dem interessierten Laien eine Hilfe sein, sich in der Fülle der aus antiken Quellen überlieferten Gewächse zurechtzufinden und damit das odysseische Landschaftsbild zu beleben. Die Untersuchungen umfassen die Zeitspanne von der Einwanderung der Griechen in Hellas bis zum Untergang der Antike und stellen damit ein aus allen Epochen des griechischen Altertums zusammengefügtes Mosaik dar.

Für mannigfache Anregung und wertvolle Hinweise zur Durchführung dieses Vorhabens bin ich zahlreichen Freunden verpflichtet, von denen hier stellvertretend für die Archäologie nur José Dörig und für die Botanik mein bei der Auffindung und Bestimmung seltener Pflanzenarten stets hilfsbereiter Freund Peter Broussalis genannt sein können. Wertvolle Hilfe bei der Identifizierung der Pflanzen und aktive Unterstützung meiner Versuche zur Erfassung der Pflanzenwelt der Antike verdanke ich auch meiner lieben Frau und unermüdlichen Begleiterin auf oft mühsamen Fahrten zu den über Berge und Täler verstreuten Standorten der gesuchten Gewächse. Dem Verlag sei schließlich für sein Interesse und die liebevolle Betreuung und Ausstattung dieses Buches mit Bildern antiker Zeugnisse zum Thema herzlich gedankt. Leider sollte es Professor Max Hirmer als ehemaligem Inhaber des Lehrstuhles für Botanik in München und nachherigem »Beseeler der archäologischen Fotografie«, wie er in griechischen Fachkreisen genannt wurde, nicht mehr vergönnt sein, die Fertigstellung des Buches zu erleben, an dessen Entstehen er selbst großen persönlichen Anteil genommen hatte.

Athen, im Frühjahr 1982 HELLMUT BAUMANN

Auf Grund mir aus kompetenten Leserkreisen zugegangener wertvoller Hinweise war es möglich, die vorliegende 2. Auflage den neuesten Erkenntnissen weitgehend anzupassen. Den zahlreichen Informanten sei für ihre spontane Hilfsbereitschaft und ihr Interesse an meiner Arbeit der wärmste Dank ausgesprochen.

Athen, im Frühjahr 1986 HELLMUT BAUMANN

Die herbe griechische Landschaft, als das ländlich sorgenfreie Arkadien gerühmt, ist demjenigen Griechenlandreisenden eine Enttäuschung, der ein subtropisches Pflanzenkleid erwartet, wie wir es aus den gegen das Mittelmeer auslaufenden Alpentälern kennen. Die mit nur knapp 20% der Landesfläche bewaldeten Landschaften erwecken den Eindruck öder Kahlheit. Nur im Frühling bedeckt sich die Erde für kurze Zeit mit einem bunten Blütenteppich. Schon die alten Griechen sprachen dann vom »veilchenbekränzten« Athen, womit sie die violetten Levkojen meinten, die noch heute der attischen Landschaft ihr buntes Frühlingsbild verleihen.

Trotzdem waren nirgends in Europa die Bedingungen günstiger für die Entstehung einer reichhaltigen Pflanzenwelt. Dies beruht auf der Aufgliederung des Landes in Berge und Täler, wo sich eine vielfältige Flora ungestört entwickeln konnte. Die rein mediterrane Flora längs der Küsten und Inseln wechselt ab mit der kontinentalen Flora der Bergwelt. Die erdgeschichtlichen Gegebenheiten trugen ihrerseits zur Entwicklung des großen Arten- und Formenreichtums bei. Zufolge der wechselvollen klimatischen Voraussetzungen an extreme Lebensbedingungen angepaßt, brachte anderseits die Wildflora, vor dem menschlichen Auge versteckt, im Untergehölz von Phrygana und Macchie einen seltenen Blütenzauber hervor. Diese Formationen gehören zu den kargsten und botanisch doch so reichen Lebensräumen am Mittelmeer. Sie sind aus der anthropogenen Zerstörung der Wälder hervorgegangen und es dominieren in ihnen die niedrigen, oft kugeligen, dornigen Pflanzen, die durch Reduzierung ihrer Blätter Kälte, Wind und Sonne trotzen.

Wenn auch die Vegetation durch den Einfluß einer vieltausendjährigen Besiedlung einer ständigen Zerstörung unterworfen war, so haben sich bis heute doch mehr als sechstausend Pflanzenarten erhalten, die Griechenland gemessen an seiner Größe zu einem der florenreichsten Länder der Welt machen. Die durchschnittliche Artendichte pro Flächeneinheit beträgt viermal mehr als in der Bundesrepublik Deutschland. Außerordentlich hoch ist mit mehr als 10% auch der Anteil an endemischen Pflanzen, also solcher Pflanzen, die nur in Griechenland wild vorkommen. Damit zählt Griechenland rund ein Drittel aller in Europa vorkommenden Endemiten.

In dieser durch die Natur so freigebig ausgestatteten Landschaft wußte das Volk der Griechen die edelsten Kräfte des Geistes und des Körpers zu jener harmonischen Schönheit zu vereinigen, die seinem Naturempfinden entsprach. Nicht nur die Reichhaltigkeit des Pflanzenkleides führte dazu, daß der Mensch hier seine frühesten Siedlungen gründete, Bäume fällte für seine Häuser und Schiffe, die wilden Früchte, die er vorfand, kultivierte und Wildland rodete für seine Äkker und Weiden. Die Natur selbst war sein religiöses Symbol, die Kraft der Heilkräuter das von den Göttern empfangene Geschenk, während Blüten und Ranken ihn zur Ausübung seiner Kunst inspirierten. In allen diesen Bereichen spielte sich die Verbundenheit des Menschen mit der Natur ab, die sich in einem ausgesprochenen Sinn für die Schönheit der Landschaft äußerte, wie die Standorte seiner Tempel und Heiligtümer noch heute bezeugen.

Es wäre verwegen, von den heutigen Pflanzenvorkommen einfach auf die alten Zeiten schließen zu wollen. Wir müssen uns auf die Quellen der Alten stützen. Aus diesen Quellen ist es für uns wichtig zu erfahren, welche Pflanzenarten die Alten unterschieden, welche Eigenschaften sie ihnen zuschrieben und welche Vorstellungen sie mit ihnen verbanden. Da die Beschreibungen sehr summarisch und oft ungenau sind, ist die Identifikation problematisch. Bewährte Führer zur Identifizierung der Pflanzen der Alten sind die jetzt noch im Volksmund gebräuchlichen Vulgärnamen. In diesen Namen haben sich eine große Anzahl alter Pflanzenbezeichnungen erhalten, die allerdings nicht zu verwechseln sind mit den jetzt wieder aus dem Altgriechischen eingeführten wissenschaftlichen Namen.

Die Gesamtzahl aller von Griechen und Römern unterschiedenen Pflanzenarten betrug etwa 1000, eine beachtliche Leistung, wenn wir den damaligen Stand der Forschung, die spärliche Besiedlung des Landes und die Beschränkung der Verkehrswege auf die Küstengebiete berücksichtigen. Durch fleißiges Abschreiben in den Klöstern während des ganzen Mittelalters ist das Wissen spätantiker Heilkunde erhalten geblieben. In diesen Handschriften wurden auch die einzelnen Pflanzen bildlich dargestellt, allerdings weniger nach ihrem natürlichen Aussehen als nach den Vorstellungen der in ihnen ruhenden Heil- und Zauberkräfte.

Zwischen der Pflanzenwelt und dem Menschen besteht eine Beziehung, die so alt ist wie die Menschheit selbst. Bei den Griechen offenbart sich erstmals das Verhältnis zur Welt der Pflanzen im frühen

Mythos. Eine der schönsten Darstellungen von der Verehrung der Blumen in der griechischen Kunst ist zweifellos ein spätarchaisches Flachrelief aus Farsala, vermutlich Demeter und Persephone darstellend, die zum Zeichen ihrer gegenseitigen Zuneigung Blumen austauschen, wie wir auch heute einem geliebten Menschen Blumen schenken. In dem Relief hat der Künstler jenen Zauber eingefangen, den eine Rose mit ihrem Duft noch heute auf den Menschen ausübt.

1 Flachrelief aus Farsala, Thessalien, Demeter und Persephone beim Austausch von Blumen darstellend. 1. Viertel 5. Jahrhundert v. Chr., Louvre Paris.

2   Aus der Luft bietet sich dem Neuankömmling in Griechenland ein Bild öder Kahlheit. Die Aufnahme zeigt Teile der Insel Milos.

3   Im Frühling bedeckt sich das Land mit einem bunten Blütenteppich (auf dem Bild *Malcolmia maritima,* eine anspruchslose Levkojenart, die selbst mit altem Gemäuer vorlieb nimmt).

DIE BOTANIK DER ALTEN

Das griechische Wort ›wotani‹ steht bei Homer für Weidekraut, Gras. Danach wurde die moderne wissenschaftliche Pflanzenkunde Botanik benannt. Die Phytologie Homers beschränkt sich auf die seinen Göttern heiligen Haine, die Wunderkräuter seiner mythologischen Gestalten oder seine zu Gleichnissen herangezogenen Pflanzenbilder. Diese mythische Vorstellung von den Pflanzen sollte erst im Zeitalter des Aristoteles durch die denkende und forschende Betrachtung des Naturlebens verdrängt werden.

4 Theophrast von Eressos, nach einer Herme von 320 v. Chr., Rom, Villa Albani.

Während in der philosophischen Naturwissenschaft das theoretische Wissen um die Zusammenhänge in der Natur eine hohe Vollkommenheit erreichte, entwickelte Hippokrates von Kos (460–370 v. Chr.), der größte Arzt der Antike, seine praktische Heilkunde, die fortan die gesamte medizinische Wissenschaft beeinflussen sollte. Es war das unbestrittene Verdienst Hippokrates', die Medizin von den Fesseln der philosophischen Spekulation und der mythischen Vorstellungswelt der Götterkulte befreit zu haben. Mit Weisheit und Umsicht ordnete er die bisherigen Erfahrungen in der Anwendung von pflanzlichen Heilmitteln, die er nur dort einsetzte, wo es ihm auf Grund seiner Krankheitsdiagnosen als angezeigt erschien. Unter seinem Namen ist uns eine umfassende Schriftensammlung überliefert, in der Heilwirkung und Anwendung von 237 Heilpflanzen ausführlich dargelegt werden, ohne daß allerdings ein einziges dieser Gewächse näher beschrieben wird.

Die eigentliche Botanik war denn auch aus medizinischen Interessen erwachsen. Rhizotomen und Pharmakopolen, die aus dem Hirtenvolk Homers hervorgegangenen Wurzelgräber und Drogenhändler, verstanden sich auf das Einsammeln und Zubereiten von spezifischen Heilkräutern und entwickelten daraus ein lukratives Gewerbe. Diätologen und Pharmakologen machten sich deren Empirie zunutze, um darauf ihre Wissenschaft aufzubauen.

Über die Werke der eigentlichen Begründer der Naturwissenschaft, Aristoteles und Thales, sind wir nur noch fragmentarisch unterrichtet. Theophrast von Eressos (372–287 v. Chr.) ist nach ihnen 4 der erste und gründlichste Kenner der Botanik. Er räumt grundsätzlich auf mit den sogenannten Wundererscheinungen der Natur und geht mit seiner Beschreibung der Pflanzenwelt rein biologische Wege. In seiner uns überlieferten »Naturgeschichte der Gewächse« sind die meisten modernen Disziplinen der Botanik schon fest verankert. Wie sein großer Lehrer Aristoteles eine systematische Einteilung des Tierreichs in Bluttiere, Eierleger, Wassertiere und blutlose 5 Tiere vornahm, so gliederte Theophrast die Welt der Pflanzen nach deren Säften, Fasern, Blättern, Knospen, Blüten und Früchten. Er entwickelte erstaunliche Kenntnisse über die Eigenschaften der einzelnen Hölzer, deren Verwendungszweck, die verschiedenen Arten der Gehölzvermehrung, die Veredlungstechnik, Degenerationserscheinungen und Krankheiten oder beobachtete die Zwiegeschlechtlichkeit gewisser Pflanzen. Obwohl seine über 450 Pflanzenbeschreibungen sich zum kleinsten Teil auf eigene Beobachtungen stützen, hat er die ihm von Landleuten, Holzfällern, Bienenzüchtern, Wurzelgräbern und anderen zugetragenen Informationen sehr gewissenhaft ausgewertet. So unterscheidet er beispielsweise die Zwiebelgewächse genau nach Form, Farbe und Geschmack. Den wichtigsten Unterschied zwischen den Zwiebelsorten erblickt er darin, daß einige »wolletragend« sind und andere nicht. Letztere trügen die Wolle zwischen der äußeren Haut und dem inneren Kern und man verfertigte daraus Kleidungsstücke. Die Genauigkeit dieser Beschreibung Theophrasts erhellt die Abbildung einer Zwiebelknolle der frühzeitigen Tulpe *(Tulipa praecox)*, die tatsächlich zwischen Zwiebelhaut

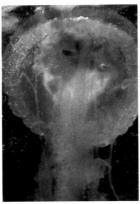

5   Zu den blutlosen Tieren gehörte bei Aristoteles diese Leuchtqualle.

5

6   Den stechenden Mäusedorn *(Ruscus aculeatus)* rechnet Theophrast (3.17.4) zu den eigentümlichen Pflanzen am kretischen Ida, da diese Pflanze die Frucht auf dem Blatt trage. Was man an diesem Gewächs als Blätter betrachtet sind in Wahrheit die sogenannten Phylokladien, d. h. zu blattähnlichen Gebilden umgewandelte Sprosse. Aus diesen entspringen die Blüten, die sich später in korallenrote Beeren verwandeln.

7   Die Schildkresse *(Fibigia eriocarpa)* hieß bei Dioskurides (3.95) wegen ihrer eigenartigen Fruchtkapseln und den nach dem Abfallen der Samen zurückbleibenden durchsichtigen Scheidewänden ›aspidion‹ oder Schildchen.

8   Theophrast (3.5.3) unterscheidet zwischen den verschiedenen Treibsäften bei der Eiche (im Bild *Quercus frainetto*). Einer dieser Säfte treibe die Galläpfel aus. Für Plinius bedeuten diese eine Spielform der Natur zum Heilen von Wunden und Geschwüren.

9   Die Alpenveilchen hießen bei den Alten wegen dem Aussehen ihrer Knollen ›chelonion‹, Schildkrötchen.

10   In seiner Beschreibung der Alpenveilchen erwähnt Plinius fälschlicherweise, daß diese zweimal im Jahr blühen. Richtigerweise ist zu unterscheiden zwischen Frühlings- und Herbstblühern. Auf diesem Bild *Cyclamen repandum*, ein Frühlingsblüher.

11   *Cyclamen repandum var. rhodense*, ein weiterer Frühlingsblüher aus Rhodos.

12   *Cyclamen hederifolium*, ein auf Kalkböden oft anzutreffender Herbstblüher, der durch seine einen fünfeckigen Schlund bildenden zurückgeschlagenen Kronblätter auffällt.

6

7

8

9

10

11

12

14 und Zwiebelkern eine vor der Austrocknung schützende dicke
Wollschicht trägt, die als Spinnfaser vorstellbar ist.

Ausgedehnte Reisen außerhalb seiner griechischen Heimat hat der
Eresier nicht unternommen. Ersatz hierfür fand er teilweise in den
15 beachtlichen Leistungen des wissenschaftlichen Stabes Alexanders
des Großen, dessen Berichte im Zentralarchiv des Reiches zu Babylon niedergelegt waren. Bekanntlich hat Alexander den botanischen
Forschungen großen persönlichen Anteil gewidmet.

Man ist geneigt anzunehmen, daß die Identifikation vieler Pflanzennamen Theophrasts Schwierigkeiten bietet. Bei genauem Studium entdecken wir jedoch beim großen Eresier ein bemerkenswer-
tes System und eine Fülle von Details, die sein Auge mit großer
Schärfe und Klarheit wahrnahm.

Theophrasts Leistung galt als eine abschließende. In den folgenden Jahrhunderten wurde von den großen Gelehrten die Botanik zugunsten der Mathematik und der Astronomie vernachlässigt und fri-
stete nur noch in der Heilmittelkunde ihr Dasein. Diese erreichte
allerdings einen neuen Höhepunkt in des Pedanios Dioskurides'
»Arzneimittellehre«. Das fünfbändige Werk mit 506 Pflanzenbeschreibungen und Arzneirezepten ist uns erhalten in einer illu-
20 strierten Handschrift aus dem Jahre 512, die für eine reiche Römerin
angefertigt worden war und jetzt in der Wiener Hofbibliothek aufbe-
wahrt wird.

Dioskurides wurde in Anzarbe im südlichen Kleinasien geboren
und lebte um die Mitte des ersten Jahrhunderts n. Chr. Seine Studien
hat er vermutlich in Alexandrien absolviert und wurde bald ein an-
gesehener Arzt. Als solcher begleitete er die Kriegszüge von Claudius' und Nero, was ihm erlaubte, seine botanischen und pharmakologischen Kenntnisse zu erweitern. Seine Arzneimittellehre,
speziell die Kenntnis von den Heilpflanzen, hat er zu einer Vollendung gebracht, die nicht nur im Altertum, sondern bis ins 16. Jahrhundert hinein nie mehr erreicht werden sollte. Sie wurde zum Vorbild der Kräuterbücher des Mittelalters und galt gar noch bis ins
19. Jahrhundert in Spanien und in der Türkei als *das* botanische Stan-
dardwerk.

Für uns unerläßlich sind die exakten Pflanzenbeschreibungen des
Dioskurides, die zum größten Teil auf eigenen Anschauungen und
Erfahrungen beruhen. Großen Wert legte Dioskurides auch auf die
sorgfältige Anführung aller Synonyme für ein und dieselbe Pflanze,

was der Identifikation der von ihm beschriebenen Gewächse sehr zustatten kommt.

Wichtig für die Kenntnis der alten Botanik ist vor allem auch des Cajus Plinius' Secundus 37 Bände umfassende »Naturgeschichte«. Plinius lebte in den Jahren 23–79 n. Chr., er ist der einzige naturwissenschaftliche Schriftsteller bei den Römern. Von Beruf Offizier und Verwaltungsbeamter zeichnete er sich durch einen ungewöhnlichen Fleiß aus, benutzte er doch mehr als 400 Autoren und 2000 Quellenmanuskripte für die Niederschrift seiner 34 946 Einzelbeobachtungen aus dem Reich der Natur. Seine Arbeit ist für uns insofern bedeutsam, als die Werke vieler der von ihm wiedergegebenen Autoren nicht mehr erhalten sind.

Neben diesen eigentlichen Botanikern haben zahlreiche Dichter und Autoren uns ihre Beobachtungen über Pflanzen hinterlassen. So entnehmen wir Herodots »Historien« am Rande interessante Einzelheiten über insgesamt 63 Pflanzenarten und deren Verwendung in der Heilkunde in den von ihm bereisten Ländern, von Kleinasien über Babylon bis zum Schwarzen Meer und nach Oberägypten. Hesiod nannte in seinen Werken ein gutes Dutzend Gewächse, Xenophon in seiner Schilderung der persischen Feldzüge zwanzig. Mit 107 verschiedenen Pflanzennamen übertrifft der Hirtendichter Theokrit in seinen bukolischen »Idyllen« sogar »Ilias« und »Odyssee« (ca. 60 Arten). Strabon vermittelt uns in seinen historischen Exkursen zu den von Homer genannten Orten etliche Hinweise zu dessen Pflanzenmythologie. Die römischen Schriftsteller Vergil und Ovid bedienen sich gerne der homerischen Vorbilder, um ihre Werke mit pflanzlichen Geschichten auszuschmücken. Schließlich verdanken wir eine äußerst aufschlußreiche Kompilation verschollener älterer Werke Athenaeus von Naukratis (170–230 n. Chr.), Verfasser des »Gastmahles der Sophisten«, einer Rahmenerzählung in Form von Tischgesprächen, bei denen er Künstler, Philosophen und Gelehrte ihr Wissen über die verschiedensten Dinge vortragen läßt, darunter über viele Pflanzen und verlorene botanische Werke.

Eine unschätzbare Fundgrube für das allgemeine Landschaftsbild zur Zeit der Spätantike ist Pausanias' »Perihegese« aus der 2. Hälfte des 2. Jahrhunderts n. Chr., die Beschreibung der Topographie und der Sehenswürdigkeiten Griechenlands. Ein letztes Monumentalwerk der Antike hinterließ der berühmte römische Gladiatorenarzt Galen aus Pergamon (129–199 n. Chr.) in Form seiner medizinischen

14

13

13 Den weißen Sommerwurz *(Orobanche alba)* zählte Theophrast (8.8.4) mit Recht zu den schädlichen Unkräutern. Bei Dioskurides heißt dieser Schmarotzer bezeichnenderweise ›lykos‹, Wolf, weil er seine Wirtswurzeln förmlich umschlingt. Mit der parasitischen Lebensweise der Orobanchen hängt es zusammen, daß sehr kleine und außerordentlich zahlreiche Samen ausgebildet werden, weil diese nur dort keimen können, wo ihnen die Wurzeln von Korb- und Schmetterlingsblütern zur Verfügung stehen. So wiegen 1 Million Samen der Orobanche nur 1 Gramm.

14 Die mit einer Faserschicht zwischen Haut und Kern versehene Zwiebel der frühzeitigen Tulpe *(Tulipa praecox),* die Theophrast deshalb »wolletragend« nannte.

Legende siehe nebenstehende Seite.

15

16

17

18

19

◁ 15 Im 4. Buch seiner Naturgeschichte schildert Theophrast ausführlich die exotischen Pflanzen aus Nordafrika und Asien, über die er sich ausgedehnte Kenntnisse aus den Berichten des botanischen Forschungsstabes Alexanders des Großen angeeignet hatte. Zu diesen Gewächsen gehörten auch »große Bäume mit farbenprächtigen Blüten und Früchten gleich Lupinen«, worunter man sich eine der heute oft in Parks angepflanzten subtropischen Caesalpinien vorstellen kann. Auf dem Bild die im Volksmund als »konstantinopolitanische Akazie« bekannte *Caesalpinia* oder *Poinciana gilliesii*.

16 Für die gelbe Teichrose *(Nuphar lutea)* gibt Theophrast (9.13.1) einen Standort an, wo sie noch heute zu sehen ist, nämlich den orchomenischen See in Böotien, heute zum größten Teil drainiert.

17 Im Bereich der zahlreichen, nur in den Regenmonaten wasserführenden Torrenten spielen die Endemiten oft eine besondere Rolle, konnten sie doch ein weit in die Florengeschichte zurückreichendes ungestörtes Dasein fristen.

18 Durch ihren kugeligen Wuchs hat sich diese Ginsterart *(Genista acanthoclada)* ihrer Umgebung und den klimatischen Bedingungen angepaßt.

19 *Drypis spinosa subsp. spinosa,* ein niedriger stacheliger Strauch mit lederartigen dornenbewehrten Blättern und zahlreichen weißen Blüten, der auf alpine Standorte in Südeuropa beschränkt ist. Theophrast (1.10.6) behandelt *Drypis* in seinem Kapitel über die Blattformen und erwähnt treffenderweise, daß die Blätter dieses Gewächses in Dornen ausgeartet sind.

ΔΙΟCΚΟΥΡΙΔΗC   ΕΥΡΕCΙC

20   Dioskurides empfängt die wunderkräftige Wurzel der Alraune von Euresis, der Göttin der Entdeckung. Nach einer Farbtafel im Dioskurides Bildherbar aus dem Jahr 512 in der Wiener Hofbibliothek.

Schriften, die eine Synthese der Theorien seiner Vorgänger und seiner eigenen Beobachtungen und Experimente darstellen. Die von ihm ersonnene pharmazeutische Technologie galt bis ins 18. Jahrhundert als bahnbrechend.

Aus allen diesen Quellen ist es für uns wichtig zu erfahren, wie die Pflanzen aussahen, die uns die Griechen nennen, welche Vorstellungen damit bei ihnen verbunden waren und welche Eigenschaften sie ihnen zuschrieben.

ODYSSEISCHE LANDSCHAFTEN

Die Vorzeit

Dem besseren Verständnis der klassischen Landschaften der Griechen soll ein kleiner Exkurs in geologische Zeiten dienen.

Nach dem neuesten Stand der Forschung war die Ägäis bis vor etwa 25 Jahrmillionen ein Teilstück der von Europa nach Asien reichenden Gebirgsketten, die in der Folge zusammenbrachen, um einem Ur-Mittelmeer den Vorstoß bis zu den Dardanellen zu öffnen. Innerhalb der nächsten Jahrmillionen hob sich der Boden dieses Meeres wieder und es entstand ein knapp über dem Meeresspiegel liegendes Flachland, das von Flüssen und Seen durchzogen war. Fossile Blattreste aus dieser Zeit zeugen von einer typischen Waldsteppenflora, durch die Herden von Großwild zogen, wie wir aus versteinerten Knochenresten wissen. Die fossile Fauna von Pikermi umfaßt 53 Tierarten, von Mastodonten und Rhinozerossen, Löwen, Affen und Giraffen bis zum Hipparion, dem nur 50 cm hohen Pferd der Urzeit mit dreizehigen Hufen. Ähnliche fossile Funde sind aus Samos, Euböa und Thessalien bekannt. Jüngste Beweise dieser Steppenfauna sind die fossilen Elefanten im Becken von Megalopolis, das damals noch ein riesiger See war, mit einer reichen für Pflanzenfresser geeigneten Vegetation.

Die fossilen Knochenreste beschäftigten die Vorstellungen der Griechen schon im frühen Altertum, indem man in ihnen die Spuren von Amazonen und Najaden vermutete und sie mit Giganten und Titanen in Verbindung brachte. So gehen wohl auch die odysseischen Vorstellungen von Zyklopen und dem einäugigen Schafhirten Polyphem auf die Funde von Schädelresten von Elefanten zurück, bei denen man die eigentümliche Gestalt des Nasenloches auf der Stirne als Augenhöhle eines übernatürlichen Menschen deutete.

Ursprung und Bedeutung der Fossilien haben die Griechen im 6. Jahrhundert vor Christus erkannt. Den Dichter und Denker Xenophanes (570–475 v. Chr.) zählt die Geologie zu ihren ersten Adepten, war er es doch, der aus seinen Funden von Tier- und Pflanzenabdrücken in den Tertiärschichten von Syrakus und Malta die Erkenntnis folgerte, daß die Erdoberfläche im Wandel der Zeiten wiederholt Veränderungen unterworfen war.

Eine endgültige Beruhigung der großen Erdbewegungen trat erst mit Beginn der Eiszeit vor zwei Millionen Jahren ein, die Hundert-

21

21 Ammonitenabdruck aus einem triassischen Fossillager bei Epidaurus. Wie Reiseberichten zu entnehmen ist, wurden solche Versteinerungen noch Anfang dieses Jahrhunderts von griechischen Zollbeamten als Erzeugnisse der antiken Plastik angesehen und standen daher unter Sammel- und Ausfuhrverbot.

21

22 Natürlicher Mischwald auf dem thessalischen Ossagebirge. Von links nach rechts sind zu erkennen: Eibe *(Taxus baccata)*, Roßkastanie *(Aesculus hippocastanum)* und die Apollotanne *(Abies cephalonica)*.
23 Die moesische Buche *(Fagus moesiaca)* bildet in Griechenland seit dem Tertiär ausgedehnte Bestände. Ihr Holz war schon im Altertum für die Herstellung von Haushaltgegenständen und landwirtschaftlichen Geräten empfohlen.
24 Einzelblüte der Roßkastanie *(Aesculus hippocastanum)*, die man zuerst für einen eingeführten asiatischen Baum hielt, bis vor knapp hundert Jahren in Nord-Griechenland wildwachsende Exemplare entdeckt wurden. Seither weiß man, daß der Baum seit dem Tertiär seinen natürlichen Standort auf dem Balkan hat, obwohl ihn die Franzosen immer noch »marronnier d'Inde« nennen.

22   23   24

24

25

26

27

28

25   Obwohl für den griechischen Raum als Tertiärrelikt überliefert, fehlt bei den Alten ein Hinweis auf den durch seine prachtvollen lilaroten Blüten auffallenden Judasbaum *(Cercis siliquastrum)*. Sein Name kommt erstmals in einem Herbar von 1597 vor und beruht möglicherweise auf einer alten Mönchslegende, wonach die Blüten ursprünglich weiß waren und angesichts der Kreuzigung Christi vor Scham erröteten.

26   Dank seiner am alten Holz erscheinenden Blüten ist der Judasbaum ein besonderer Schmuck der Frühlingsmacchie.

27   Der durch seine lange Blütezeit auffallende Oleander *(Nerium oleander)* ist bereits auf kretischen Wandgemälden aus dem 14. Jahrhundert v. Chr. abgebildet. Er ist wie Judasbaum und Platane ein Relikt aus dem Tertiär. Auf dem Bild schmückt der Oleanderhain das Kabirenheiligtum von Samothrake.

28   Unberührte sich selbst überlassene Landschaft im Nationalpark des Pindos, in der nur Zeus durch seinen Blitzschlag in eine riesige Bergkiefer seine Spuren hinterlassen hat.

tausende von Jahren dauerte und zwischen kälteren und wärmeren Perioden abwechselte. Während sich im Norden des Landes neue Gebirge erhoben, fanden Flora und Fauna der ehemaligen »afrikanischen« Waldsteppe auf den Inseln Zuflucht. Diesen erdgeschichtlichen Gegebenheiten, der komplizierten Tektonik der griechischen Gebirge und der Aufteilung des Reliefs in Berge, Täler, Meeresbuchten und Inseln ist der Reichtum der griechischen Flora zu verdanken, der Denker und Künstler des Altertums beeinflußt hat. Die Vielgestaltigkeit der Landschaft prägte ihrerseits das Volk und seine Kultur.

29 Versteinerter Stamm eines Mammutbaums aus dem Pliozän in Lesbos.

Die Landschaft im Altertum

Der seit dem Neolithikum andauernden intensiven Besiedlung des Landes mit ihrer naturverändernden Nutzung des Bodens kommt für die Beurteilung des Landschaftsbildes im Altertum entscheidende Bedeutung zu. Die zunehmende Entwaldung zur Deckung des enormen Bedarfs an Bau- und Brennholz beschäftigte schon die Alten. In seinem Kritias-Dialog besingt Plato die Schönheit von Attika zur Zeit des Untergangs von Atlantis, 9000 Jahre vor seiner Zeit: »Damals hat Attika mit seinen grünen Bergen und Talgründen jedes andere Land an Trefflichkeit überboten. Aus den Zeiten Atlantis' ist jedoch durch die Entwaldung und die nachfolgende Erosion nur das Knochengerüst eines erkrankten Körpers übrig geblieben, nachdem ringsum fortgeflossen ist, was vom Boden fett und weich war. Jetzt bieten die Berge nur den Bienen Nahrung, jedoch ist es nicht lange her, daß die attischen Wälder die Dachbalken für die gewaltigsten Tempelbauten lieferten« (Platon, Kritias, 4.111).

Trotz dieses erschütternden Zeugnisses weit zurückgehender Bodenzerstörung dürfen wir uns Hellas, als es zum Schauplatz klassischer Bildung wurde, immer noch teilweise von dichten Wäldern bewachsen vorstellen. Theophrast spricht von ausgedehnten Waldungen auf Kreta, die sich aus Zypressen, Eichen, Ahornen und Platanen zusammensetzten. Bereits in der Odyssee schildert Homer Kreta als schöne und waldreiche Insel. 22, 23 39

Sowohl bei Homer wie bei späteren Dichtern erscheint der ursprüngliche Charakter der Ägäis als Waldland. Hiervon zeugt auch der einstige Bestand an Wildtieren. Der Bär hauste noch zu Pausanias' Zeiten auf dem Parnis-Gebirgszug im Norden Athens. In den Stollen der antiken Silberminen von Laurion fand man Knochen von Hirschen, die den Bergwerkssklaven als Nahrung gedient haben mögen. Xenophon jagte Hirsche und Rehe auf seinem Landgut in der Landschaft Elis. Panther und Wolf bevölkerten die Waldgebiete Thrakiens und Mazedoniens, Wildziege, Steinbock und Gemse die Gebirgsregionen. Das öfters erwähnte Vorkommen von Löwen gehört wohl in den Bereich der Symbolik und Mythologie, wenn auch Aristoteles von deren Vorkommen am Acheloos und am Nestos be- 40

30   Die tertiären Faltungen der Gebirge, hier am Beispiel der südlichen Ausläufer des Pindos, geben der Landschaft ihr Gepräge. Ausblick vom Tymfristos (2.315 m) Richtung Südwest. Links im Hintergrund die Kaliakuda (2.101 m). Der Vielfalt der griechischen Landschaft ist der große Florenreichtum zu verdanken.

31   Auf den Gebirgen hat sich eine alpine Flora erhalten. Auf dem Bild der schneebedeckte Parnaß im Frühjahr.

32   Zahlreiche Flüsse und Bäche mildern die Trockenheit in den Niederungen und lassen eine zartlaubige Vegetation sprießen.

33   Von der salzigen Meerluft beeinflußt bilden die bald sandigen, bald geröllreichen oder auch felsigen Küstenstriche den Lebensraum für die charakteristischen Arten der mediterranen Flora.

34   Wo keine Hartlaubgehölze mehr leben, zeigt sich das Land im Sommer trokken und öde. In der Bildmitte ein Wachtturm der antiken böotischen Festung Thisbe.

35/36   Zwei typische Erosionsbeispiele im Gefolge der Jahrtausende alten Entwaldungen. Links Dorf Eptachori am Grammos, rechts Quellgebiet des Aoos.

37 Intensive Nutzung der Wälder seit dem Altertum, wobei eine geregelte Waldwirtschaft erst in der Neuzeit eingeführt wurde.
38 Verbiß der Kermeseiche durch frei weidende Ziegen.
39 Restbestände der von Theophrast im Gegensatz zur Speiseeiche genannten »wilden« Eiche *(Quercus macrolepis)*. Dieser auch Walloneneiche genannte Baum lieferte bis in jüngste Zeit einen begehrten Gerbstoff für die Lederindustrie.
40 *Capra aegagrus cretensis,* die heute geschützte steinbockartige kretische Wildziege, die bereits im Altertum auf den griechischen Bergen graste.
41 Die quirlförmige Erika *(Erica manipuliflora)* ist einer der dankbarsten Herbstblüher der griechischen Macchie.
42 Die im Frühling blühende Baumheide *(Erica arborea)* bevorzugt saure Böden.

richtet und nach Herodot (7.125) Xerxes' Lastkamele auf ihrem Vormarsch durch Mazedonien von Löwen angefallen wurden.

Auch die überlieferten Beschreibungen der Vogelwelt erlauben gewisse Rückschlüsse auf das Vegetationsbild im Altertum. Im Athener Kolonos-Stadtviertel schlugen die Nachtigallen, Bienenfresser bewohnten die steilen Ufer des attischen Kephisos und der Wiedehopf nistete in den Bäumen privater und öffentlicher Gärten. Zahlreiche Storchenkolonien sind bis ins 19. Jahrhundert hinein bezeugt. Reiseschriftsteller aus dieser Zeit berichten von Storchennestern auf den Ruinen der antiken Bauten in Athen. Also müssen damals auch im sonst so trockenen Attika noch zahlreiche Sümpfe und Wasserläufe bestanden haben. Heute sind die Storchenkolonien nach den letzten Zählungen auf 3545 Paare zusammengeschrumpft und nur noch in den wenigen verbliebenen Feuchtgebieten im Norden des Landes anzutreffen. Auch der Pelikan war im alten Griechenland ein oft und gern gesehener Standvogel. Heute sind seine Brutplätze auf den Kleinen Prespasee und die Arachthosmündung bei Arta, die beide unter Naturschutz stehen, beschränkt.

43 Störche gehörten bis ins 19. Jahrhundert zum vertrauten Stadtbild Athens. Blick auf das Westtor der römischen Agora nach einer Kupfertafel von Stuart und Revett, London 1762.

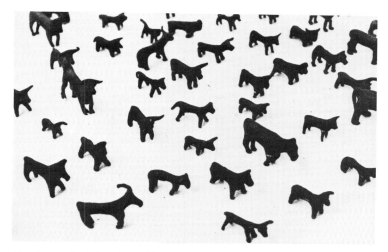

44   Diese minoischen Votiv-Figuren aus Bronze bezeugen vielleicht die Bedeutung, die die Weidewirtschaft schon im frühen Altertum hatte. Museum Iraklion.

Über die Existenz saftiger Weidegründe legt das Epos Zeugnis
ab. In der Ilias (11.676) schildert Homer Nestors Beutezug in Elis:
»Ungeheuer war damals die Beute, fünfzig Herden von Rindern, und
ebensoviele von Schafen, Schweinen und Ziegen, und 150 helle Ros-
se.« Der göttliche Sauhirt Homers, Eumaios, betreibt auf Ithaka einen Hof mit 600 Mutterschweinen und 360 Ebern, die jeden Tag in
die früchtebeladenen Eichenwälder getrieben werden. Damit gilt sicher eine gewisse Überweidung schon für das Altertum als erwiesen.
Insbesondere die Ziegenweide stellte damals wie heute für die natür-   38
liche Regeneration des Buschwaldes ein großes Hindernis dar.

Der Mensch als Nutzer der Natur

Unterliegt es keinem Zweifel, daß die ersten Ansiedler Griechenlands weite Teile des Landes mit Urwald bedeckt vorfanden, so setzte
der Kampf des Menschen mit der Natur doch früher ein als anders-
wo, da ja die griechische Kultur um Tausende von Jahren älter ist als
in anderen Ländern. Bäuerliche Siedlungen gab es in Thessalien bereits im Neolithikum. Die ersten überlieferten Eingriffe des Menschen in die Natur reichen in die homerische Zeit hinein. Dem Bedürfnis nach Siedlungen und Äckern mußten zunächst die Wälder in

31

45

46

47

48

49

50

45 Mit ihren roten Früchten belebt die Terpentinpistazie *(Pistacia terebinthus)* das Herbstbild der Macchie. Im Altertum verstand man unter Terpentin das Harz dieses Baumes.

46 Der östliche Erdbeerbaum *(Arbutus andrachnae)*, dessen Früchte nicht eßbar sind. Pausanias (9.22) hat in Tanagra im Heiligtum des Promachos die Überreste des Andrachne-Baums gesehen, unter dem Hermes aufgewachsen sein soll.

47 Aufschichten eines Kohlenmeilers mit Gehölzstauden der Macchie.

48 Der Meiler wird mit Erde verklebt und angezündet.

49 Natürliche Regeneration des abgebrannten Buschwaldes durch Austrieb aus den unversehrten Wurzelstöcken.

50 Kiellegung eines Fischkutters, wie sie schon von Theophrast beschrieben wurde.

51 Die Mittelmeerzypresse *(Cupressus sempervirens var. horizontalis)* kommt in ihrer kretischen Heimat nur noch in kläglichen Restbeständen vor.

52 Die Harzgewinnung durch Anschneidung der Rinde der Aleppokiefer

51

52

53

54

55

56

(Pinus halepensis) ist uralt. Dioskurides empfahl die Beigabe von Harz zu Wein zwecks Förderung der Verdauung. Heute werden noch mehr als 3000 Tonnen Kiefernharz jährlich dem Landwein als Konservierungsmittel beigemischt.

53 Der westliche Erdbeerbaum *(Arbutus unedo)* mit seinen im Herbst neben der nächsten Blüte zu findenden eßbaren Früchten. In der Mythologie wurde der Erdbeerbaum mit dem Geryonbaum identifiziert, in den Gaia ihren dreileibigen Sohn verwandelt hatte.

54 Der Perückenstrauch *(Cotinus coggygria)* fällt im Herbst durch seine perükkenartigen Fruchtstände auf, die schon durch Theophrast und Plinius beobachtet worden waren.

55 Der steinfruchtartige Wacholder *(Juniperus drupacea)*, eine der in Griechenland vorkommenden sechs Wacholderarten, dessen Vorkommen auf das Parnon-Gebirge beschränkt ist. Alle Wacholder haben sehr langsam wachsendes und daher zähes Holz.

56 Blühender Kornelkirschenbaum *(Cornus mas.)*.

den Niederungen weichen. Immer weiter um die Siedlungen herum mußte kostbares Weideland dem Ackerbau geopfert werden, immer mehr Wälder wurden des Holzes wegen vernichtet. In den entwaldeten Lichtungen wuchs das Buschholz, bis auch dieses der Holzkohlegewinnung zum Opfer fiel, die verbliebene Grasnarbe vom Weidevieh dezimiert wurde und der Boden schließlich verkarstete. Zieht man weiter die Verwüstungen in Betracht, die durch Feuer und Schwert über Jahrtausende den Wald in Mitleidenschaft zogen, so wird die bereits in klassischer Zeit beweinte Waldarmut erklärlich. Die Bedeutung des Waldes hat Plinius (12.1) in treffender Weise geschildert. Er beschreibt Bäume und Wälder als das höchste dem Menschen gegebene Geschenk, denn von diesen habe man zuerst die Nahrung genommen, mit ihrem Laub die Höhlenbehausungen weicher gemacht und aus ihrem Bast Kleider genäht. Um so mehr ergreift ihn Erstaunen, daß »ganze Berge in Marmorblöcke zerschnitten werden, nachdem man zuerst die Bäume gefällt hat« (wenn Plinius heute den durch Marmorsteinbrüche zerfurchten Pentelikon sähe!). Und er fährt fort: »Wälder waren die Tempel der höheren Mächte, den Götterbildern aus Gold und Elfenbein erweist man nicht größere Verehrung als den Bäumen. Später haben der Bäume Säfte des Menschen Los erleichtert, von ihnen kommt das die Glieder erfrischende Öl, der stärkende Trank des Weines und alle die vielen Früchte. Mit Holz durchfurchen wir die Meere, mit Bäumen bauen wir unsere Häuser.«

Holz hieß im Altertum ›xylon‹, aber auch einfach ›yli‹, Materie. Diese letztere Bezeichnung deutet auf die vielseitige Verwendung des Holzes als leicht bearbeitbarer Werkstoff hin. Dementsprechend hoch war auch der Verbrauch an Werk-, Bau- und Brennholz, zur Holzkohle-, Teer- und Harzgewinnung, für die Zwecke des Handwerks, des Bergbaus und vor allem des Schiffsbaus sowie zu Kriegszwecken, Befestigungen und Brückenbauten.

Für den großen Verschleiß an Holz liegen schon aus minoischer Zeit Zeugnisse vor. Die Palastbauten auf Knossos und Festos wiesen Holzsäulen auf und das Mauerwerk war der Erdbeben wegen riegelverstärkt. Im minoischen Bauernhof von Vathypetro wurden immense Baumsägen gefunden, deren Größe auf die Verwendung für dicke Baumstämme hinweist. Dädalus, der Erbauer des kretischen Labyrinths, war ja der Erfinder der Säge. Das äußerst dauerhafte Holz der
51 Mittelmeerzypresse *(Cupressus sempervirens)* war in Kreta jahrtau-

sendelang Gegenstand eines regelrechten Raubbaus und wurde aufs Festland und sogar nach Ägypten exportiert. Eine Verfügung des Senats von Venedig aus dem Jahre 1414, die Zypressenausfuhr aus Kreta verbietend, zeigt, daß schon im Mittelalter die Dezimierung der Wälder bedrohliche Formen angenommen hatte.

Zypressenholz wurde hauptsächlich im Schiffsbau, für Tempeltüren und Sarkophage verwendet. Das Haus des Odysseus war aus Zypressenholz gebaut. Theophrast erwähnt vier Generationen lang gelagertes Zypressenholz, das für die Türen des Tempels von Ephesos verwendet wurde. Solons Gesetzestexte wurden auf Zypressenholztafeln eingeritzt.

Die religiöse Bedeutung der Zypresse tritt in zahlreichen Überlieferungen hervor. Sie ist für den heiligen Hain der kretischen Rhea und die Geburtsgrotte des Zeus am Ida-Gebirge bezeugt. Wie uns Ovid (10.121) berichtet, ist die Zypresse aus Kyparissos von Keos hervorgegangen, einem von Apollo geliebten Knaben, der unwillentlich einen heiligen Hirsch tötete und wegen seiner untröstlichen Trauer in eine Zypresse verwandelt wurde. Seither gilt die Zypresse als Trauerbaum und wird in Friedhöfen angepflanzt. In einigen Gebieten gehört die Zypresse wegen ihres wertvollen Holzes auch zur Mitgift der Mädchen. Auf gewissen Inseln wird heute noch zur Geburt eines Mädchens eine Zypresse gepflanzt, die bei Heiratsfähigkeit dann den Mast für das Segelschiff des neuen Paares liefert.

In klassischer Zeit war der Norden des Landes Hauptproduktionsgebiet für Nutzhölzer. Wenn auch die Umbildung der früheren Holzbauten in Stein vollzogen war, so wurde Holz doch weiter für

58　Platanen *(Platanus orientalis)* gehören seit dem Altertum zu den bevorzugten Schattenbäumen. Das schöne Exemplar auf dem Bild wird im Volksmund als siamesische Platane bezeichnet, weil zwei getrennte Stämme durch einen dicken Ast verbunden sind.

Dachstühle, Treppen, Türen und Fenster verwendet. Auch hölzernes Mobiliar ist bekannt, ebenso waren die Götterbilder in der frühen Klassik noch aus Holz. Pausanias nennt deren mehr als fünfzig und führt auch die Holzarten wie Zypresse, Wacholder, Eiche und Eibe an, alles dichte und langsam wachsende Hölzer.

Unter den Edelhölzern muß die Kornelkirsche *(Cornus mas.)* im Altertum sehr verbreitet gewesen sein. Die Frucht wird nicht nur von Homer als begehrtes Schweinefutter erwähnt, mit dem auch Odysseus' Gefährten nach deren Verwandlung in Schweine durch Kirke (Od. 10.242) gefüttert wurden, sondern das Holz wurde nach Theophrast in bezug auf dessen Härte mit Horn verglichen und zu Wurfspießen für die Jagd verarbeitet (3.12.1). Auch Kriegsspeere wurden aus Kornelholz gefertigt. Polydoros, jüngster Sohn des Priamos, wurde mit einem Speer aus Kornelholz ermordet. Bei Herodot (7.92) tragen die Lykier Bogen aus Kornelholz. Nach Pausanias (3.13.5) sollen die Griechen auf dem troischen Ida Kornelkirschenholz aus dem heiligen Hain des Apollo zum Bau des Hölzernen Pferdes geschlagen haben. Der Seher Teiresias bedient sich eines Stockes aus Kornelkirschenholz, als er auf dem Berge Helikon von Athene mit Blindheit geschlagen worden war, weil er die Göttin ungewollt beim Baden beobachtet hatte. Noch heute verwenden die griechischen Schäfer Hirtenstöcke, die aus dem zähen Kornelkirschenholz gearbeitet sind.

Zur größten Vollendung brachten es die Griechen in der Schiffsbaukunst, die unendliche Mengen Holz verschlang. Bei Homer sind Schiffe nicht weniger als vierhundertmal erwähnt. Herodot kannte Kriegsschiffe mit 150 Ruderern. Ein großer Teil des Lebens der Griechen wickelte sich ja auf dem Meer ab. Schiffe waren die einzigen Verkehrsmittel für Mensch und Waren, auf Schiffen holten die Alten ihre Fischerbeute, die einen wesentlichen Anteil ihres Speisezettels darstellte. Die Handelsschiffe hatten eine enorme Tragfähigkeit und es konnten mit ihnen über 1200 Tonnen Waren und 600 Menschen transportiert werden. Das berühmteste Prachtschiff des Altertums war die von Archias von Korinth erbaute »Syrakusa« mit drei Decks, Pferdeboxen, einem mit fünfzehn Klinen belegten Speisesaal des Kommandanten, Baderäumen und Gartenanlagen. Dieses Schiff war für alle Häfen zu groß, bis es schließlich dem ägyptischen König Ptolemäus geschenkt wurde, denn der Hafen von Alexandria erwies sich als groß genug.

59 Nachbildung des nach der Schilderung Pausanias' aus Kornelkirschenholz gefertigten trojanischen Pferdes auf einem Reliefpythos, um 670 v. Chr. Museum Mykonos.
Das große Halsbild zwischen den durchbrochenen Henkeln verdeutlicht den Ort der Handlung. Das riesige hölzerne Pferd ist auf dünnen, hohen Beinen mit Rädern an den Hufen zu sehen. In seinem Leib und Hals sind die Achäer versteckt, wie sie sich durch die List des Odysseus in die Stadt fahren lassen.

Theophrast schreibt dem Tannen-, Kiefern- und Wacholderholz besondere Eignung für den Schiffsbau zu (5.7.1.–3). Plutarch sagte, daß die Pinie, die Strandkiefer und diesen verwandte Bäume dem Poseidon heilig seien, nicht weil sie am Meer wachsen, sondern weil sie das beste Schiffsbauholz liefern. Die Kiellegung begann auf eigens hierzu eingerichteten Werften wie heute mit der Herrichtung eines leicht gekrümmten viereckigen Balkens aus Kiefern- oder Eichenholz. Von ihm gingen die gekrümmten Spanten aus, die mit Holznägeln befestigt und mit Teer, Werg und Pech kalfatiert wurden. Das Pech wurde aus harzhaltigem Kienholz gewonnen, das in riesigen Meileröfen zum Schwelen gebracht wurde, wobei der Teer in eine Grube abtropfte.

Da die Holzschiffe keine lange Lebensdauer hatten, mußten sie oft ersetzt werden. Den riesigen Holzbedarf für den Schiffsbau veranschaulicht die 4207 Fahrzeuge umfassende Flotte Xerxes' in seinem Feldzug gegen die Griechen. Als Xerxes schließlich am Athos Schiffbruch erlitten hatte, entschloß er sich, zu Lande gegen die Hellenen zu ziehen. Beim antiken Abydos, an der engsten Stelle der Dardanellen, ließ er durch sein Heer eine Brücke schlagen. Wie Herodot (7.36) berichtet, wurden 674 Fünfzigruderer im Meer verankert, die die Taue trugen, auf die Baumstämme gelegt wurden. Die derart fertiggestellte Brücke wurde schließlich noch auf beiden Seiten mit einer Holzwand versehen, damit die Pferde nicht scheuten. Für die 1450 Meter lange Brücke über die Meerenge brauchte es somit nebst den die Taue tragenden Schiffen über 7000 zwanzig cm dicke Baumstämme und mindestens nochmals doppelt so viele für die Brückenwände, die natürlich alle in den Wäldern der Gegend geschlagen wurden. Reste ähnlicher Brückenbauten aus dem Jahre 425 v. Chr. sind uns aus dem antiken Amphipolis bekannt, wo im alten Flußbett des Strymon eine aus über 12 000 Baumstämmen bestehende Brückenkonstruktion freigelegt wurde.

60   Der Lyderkönig Kroisos wollte durch den Freitod auf dem Scheiterhaufen der Knechtschaft der Perser entgehen. Attische Bauchamphora um 500 v. Chr., Louvre Paris.

61

61   Blick auf Athen im Jahre 1834, wie der bayrische Zeichner F. Stademann ihn aufgezeichnet hat. Auf Grund der wenigen Überlieferungen kann man sich das allgemeine Landschaftsbild in der Antike ähnlich vorstellen, denn es ist erwiesen, daß sich Athen in den letzten 150 Jahren mehr verändert hat als in den zwei Jahrtausenden davor.

62   Durch Feuer zerstörte Landschaft.

63   Olympia. Blick in die heute mit Kiefern bestandene Altis. Im Vordergrund der überwölbte Eingang zum Stadion.

62

63

Zu den holzverzehrenden Bauten gehören auch die nach orientalischem Vorbild in fürstlicher Pracht errichteten Scheiterhaufen zur 60 Feuerbestattung. Bei demjenigen, den Alexander der Große für seinen Jugendfreund Hephaestion errichten ließ, handelt es sich um einen fünfstöckigen Bau, dessen Seitenlänge je ein olympisches Stadion (192,27 m) maß. Ein weiteres Beispiel von Holzverschwendung aus hellenistischer Zeit ist der aus Edelhölzern verfertigte und mit Gold beschlagene Leichenwagen Alexanders des Großen, der seines Gewichtes wegen von 64 Zugtieren gezogen werden mußte.

Das Vorhandensein von Gold, Silber und Eisen in der Erde hatte Prometheus den Menschen verraten. Mit der Schmiedekunst befaßten sich schon die Kabiren, die den chthonischen Göttern verbundenen Vegetationsgottheiten, die in Samothrake, Lemnos und Theben verehrt wurden. In Rhodos unterhielten die Telchinen, die zauberkundigen Dämonen der Schmiedekunst, ihre göttliche Schmiede, in der die Waffen der olympischen Götter gefertigt wurden. Die Schmelztechnik zur Gewinnung von Eisen aus Eisenerzen war eine zufällige Entdeckung, die durch die Wirkung von großen Waldbränden entstanden war. Man machte sie sich zunutze, indem man Schmelzöfen baute, die mit Holzkohle geheizt wurden.

Der Holzverbrauch in der Verhüttung von Erzen setzte schon im 3. Jahrtausend v. Chr. ein. In klassischer Zeit fielen den Silberhütten von Laurion sämtliche Kiefernwaldungen des Gebiets zum Opfer, so daß das Brennmaterial später von weit her eingeführt werden mußte. Die Belieferung der Bergwerke mit Holzkohle erfolgte hauptsächlich aus dem Gebiet von Acharnai, wie wir aus den Stimmungsbildern Aristophanes' (Acharner 214 ff.) im archidamischen Krieg wissen. Bald waren auch hier die Vorräte erschöpft und man mußte sich das Holz aus Euböa und den Kykladen auf dem Seeweg holen.

Aus Kohlenresten kennen wir die Zusammensetzung der verwendeten Holzarten: Baumheide, der westliche und der östliche Erdbeerbaum, der Perückenstrauch, der Mastixstrauch, die Terpentinpistazie und andere Vertreter der immergrünen Macchie. Sie wurden wie heute noch nach ihrer Brennkraft eingestuft. Theophrast (5.9.1.–6.) beschreibt die Theorie des Kohlenbrennens, die seit dreitausend Jahren die gleiche geblieben ist. Man sucht glattes und gerades Holz aus, legt die Äste im Kreise schräg gegen eine mittlere Stange des Meilers und läßt immer neue Schichten folgen. Der Zwischenraum zwischen den Knüppeln, der beim Aufschichten genau zu berechnen ist, dient als Feuerzug. Dann wird der Meiler mit Erde überdeckt. Lediglich oben an der Mittelstange bleibt eine Öffnung, durch die man den Meiler mittels Stroh und Reisig anzündet.

Als Grubenholz zur Abstützung der Bergwerksgalerien wurde das härtere Olivenholz verwendet, wie uns die in Laurion gefundenen ineinander angepaßten Balkenstücke aus solchem Holz beweisen. Auf die Reste der alten Anlagen stieß man, als 1865 die laurischen Bergwerke wiedereröffnet wurden, nachdem sie im Altertum bis zur Römerzeit in Betrieb gewesen waren. Eine der Ursachen des Unterganges der antiken laurischen Silberbergwerke mag die vollständige Entwaldung des Gebiets von Laurion gewesen sein.

Der Tonwarenbedarf, der auch dem Export diente, verschlang nicht minder große Mengen Holz oder Holzkohle, denn man mußte die Temperaturen in den Brennöfen auf 950° C bringen. Die Brennöfen waren in der Größe den Amphoren angepaßt, die der Lagerung 348 von Lebensmitteln dienten. In Olympia fand man einen Ofen, dessen quadratischer Grundriß 3,4 m Seitenlänge betrug und der dementsprechend mit Brennmaterial gespeist werden mußte.

Erschreckend lauten auch die Berichte des Altertums über Waldbrände. Viermal erwähnt Homer in der Ilias gewaltige Waldbrände, 62 die, von heftigen Herbstwinden immer neu angefacht, oft jahrelang tobten. Glücklicherweise begrünt sich die verbrannte Erde nach den ersten Herbstregen wieder. Die Natur sorgte hier für sich selbst und schuf die sogenannten Pyrophyten, die Pflanzen, die aus dem unver- 49 sehrten Wurzelstock wieder ausschlagen oder deren Samen das Feuer überstehen und keimfähig bleiben.

Auf Grund dieser Schilderungen gelangen wir zum Eindruck, daß die anthropogene Verformung des Landschaftsbildes in Griechenland schon sehr früh eingesetzt hat. Sie hatte eine sukzessive Zerstörung der Pflanzendecke zur Folge, die zumindest in gewissen Regionen schon damals katastrophale Folgen zeigte, da man weder eine geregelte Waldwirtschaft kannte noch die technischen Mittel zur Verfügung hatte, um die natürlichen Regenerationskräfte der Natur auszunutzen. Wie heute waren aber die zerstörerischen Aktivitäten des Menschen auf die Zentren der großen Agglomerationen und ihre Zulifergebiete beschränkt. Dazwischen lagen und liegen immer noch weite Gebiete, die heute wie damals das Bild odysseischer Landschaften vermitteln, wie Homer es aufgezeichnet hat. 61

Die engen Beziehungen der Griechen zu ihrer Pflanzenwelt äußern sich in dem Namen ›Chloris‹, dem griechischen Wort für Flora. Chloris war die Göttin der Blumen, die nach dem Willen der Hera die Pflanzen sprießen ließ. Ihre Gehilfinnen waren die Horen, Töchter des Zeus und der Themis, die über die Jahreszeiten herrschten und

64   Personifizierung des Westwindes und des erwachenden Frühlings durch den Götterjüngling Zephyros. Friesskulptur am Turm der Winde in Athen. Nach einer Kupferplatte von Stuart und Revett, London 1762.

damit die Vegetationsperioden steuerten. Der Götterjüngling Ze-
64 phyros, der als Westwind mit seinem Frühlingshauch alljährlich die Natur zu neuem Erwachen belebte, war ihr Geliebter. Die Quellnymphen waren für das Leben der Pflanzen verantwortlich und sorgten für das Wiesen und Felder befruchtende nasse Element des Okeanos, des Vaters aller Meere und Flüsse. Wo die Nymphen nicht hin-
28 kamen, sandte Zeus aus dem Olymp Blitz und Donner auf die Erde und benetzte Weiden und Wälder mit köstlichem Meteorwasser. Artemis, die jungfräuliche Mondgöttin, erquickte die Pflanzen allnächtlich mit erfrischendem Tau, während ihr Zwillingsbruder Apollo als Gott des Lichts für die dem Gedeihen der Pflanzen unentbehrlichen Sonnenstrahlen sorgte. Der Reifeprozeß der Feldfrüchte lag unter Demeters Obhut, während deren Tochter Persephone, von Hades geraubt und dazu verurteilt, die Hälfte des Jahres unter der
66 Erde zu verbringen, den alljährlich wiederkehrenden Keimungsprozeß der Pflanzen verkörperte.

Damit äußert sich im Mythos die vollkommene Harmonie der Natur, deren göttlichen Klang nur der Dichter wahrnehmen und uns in seinen Epen überliefern konnte.

Heilige Haine und Baumkult

Bäume waren die ersten Tempel der Götter, deren Kultplätze die heiligen Haine. Hier offenbarten sich dem Menschen die Urkräfte der Natur, die seine Phantasie anregten. Der Mythos ist Ausdruck des innigen Interesses, mit dem die Griechen die Vorgänge in der Natur belauschten. Das ewige Werden und Vergehen in der Natur deuteten sie als göttliche Lenkung und ordneten deshalb ihren Gottheiten bestimmte Bäume zu, die ihrerseits unter dem Schutz der Hamadryaden, der acht Baumnymphen, standen.

Der abgebildete goldene Siegelring aus Mykene stellt vielleicht das 65 schönste künstlerische Zeugnis kultischer Verehrung einer Naturgottheit dar. Die unter einem mächtigen Baum sitzende weibliche Gestalt nimmt die Huldigungen zweier Frauen entgegen, von denen sie mit Lilienkränzen beschenkt wird. Es handelt sich zweifelsohne um eine kultische Handlung in einem durch die Doppelaxt gekennzeichneten heiligen Bezirk. Sonne, Mond und Wellenlinie oben im Bild versinnbildlichen das himmlische Gewölbe.

65 Mykenischer Siegelring.
66 Terrakottarelief mit der Darstellung des Götterpaares der Unterwelt Hades und Persephone. Der Hahn als Zeuge des Sonnenaufgangs, das Ährenbündel und der Mohnblumenstrauß symbolisieren das von Persephone verkörperte alljährliche Wiedererwachen der Natur. Ca. 470 v. Chr., Museo Nazionale Reggio.

67   Eine spätere Darstellung um 150 v. Chr. stellt das Weihrelief mit einem von einer großen Platane beschatteten ländlichen Heiligtum dar, das eine besonders ehrfürchtige Atmosphäre ausstrahlt. Die Platane links im Bild ist an dem charakteristischen Stamm und den gelappten Blättern deutlich erkennbar. Zum Zeichen der Heiligkeit des Baumes ist der Stamm mit einer Binde umwunden.

67 Opferszene in einem ländlichen Heiligtum, attisch, um 150 v. Chr. München, Glyptothek.

63   Einer der berühmtesten heiligen Haine war die Altis in Olympia. Die Überlieferung will wissen, daß Herakles diesen parkähnlichen Kultort für seinen Vater Zeus persönlich eingerichtet hat. Aus den Beschreibungen Pausanias' ist uns bekannt, daß damals dieser im Schwemmgebiet des Alpheios gelegene Bezirk nicht wie heute mit Kiefern, sondern mit Platanen bestanden war.

       In direkter Beziehung zum Mythos der Entführung Europas
70 durch Zeus steht die bereits bei Theophrast (1.9.5) erwähnte Platane beim kretischen Gortyn, die in Erinnerung an die im Schatten ihrer dichten Laubkrone vollzogene göttliche Hochzeit nie mehr ihre Blätter verlieren sollte. Tatsächlich sind auf Kreta bislang 29 Exemplare einer immergrünen Platanenart bekannt, bei der es sich um eine aufs Altertum zurückgehende Mutation (nach Kavvadas und Diapoulis *Platanus orientalis var. cretica Dode*) dieses sonst laubabwerfenden Baumes handelt. Der Raub der Europa durch den in einen Stier verwandelten Zeus ist in Dichtung und Kunst wiederholt dargestellt. Die heilige, immergrüne Platane, Zeugin der Geburt des mi-
68 noischen Reiches, inspirierte die Gortyner sogar zu ihrem Münzbild.

In der Volksüberlieferung werden der seltsamen Erscheinung dieser immergrünen Platanen immer noch die merkwürdigsten Wundergeschichten zugeschrieben. So soll an einem Exemplar östlich der Sudabucht von den Türken ein orthodoxer Priester erhängt worden sein, was die Platane immergrün und damit unsterblich werden ließ. Nach einer anderen Legende versteckte sich der Heilige Johannes vor ihm nachstellenden Wegelagerern in dem hohlen Stamm einer Platane, wurde aber entdeckt und getötet, und seither werfe die Platane im Winter ihre Blätter nicht mehr ab.

Die Platane nahm aber unter den heiligen Bäumen auch sonst eine Sonderstellung ein. Mit ihrem hellgrünen Laub verkündet der Baum dem durstigen Wanderer bereits aus der Ferne die nahende Quelle und den kühlenden Schatten. Ist es da verwunderlich, daß die Alten

68   Silberstater aus Gortyn, um 280 v. Chr. Europa, in Gedanken versunken und den Kopf in die linke Hand gestützt, ruht unter einer Platane. Rückseite Stier, den verwandelten Zeus darstellend, der Europa übers Meer nach Kreta entführte. Privatsammlung.

69   Noch heute fehlt auf keinem Dorfplatz die schattenspendende Platane, ganz wie einst Kimon die Agora von Athen mit Platanen bepflanzte.

die Platane als ein Geschenk der Götter ansahen, dem sie Verehrung schuldig waren? Im gewundenen Tal des lydischen Mäander war einst sogar der grausame Perserkönig Xerxes von der Schönheit und Geborgenheit ausstrahlenden Erscheinung einer Platane derart geblendet, daß er sie mit goldenem Schmuck behängte und einen Krieger bei ihr zurückließ, um sie zu bewachen (Herodot 7.31).

Dank des relativ hohen Alters, das die Platane erreicht, glaubt man noch heute, in einzelnen Exemplaren die berühmten Bäume zu erkennen, von denen uns die Alten Kunde hinterließen. Auf der Insel Kos wird die uralte Platane gezeigt, unter der Hippokrates gelehrt haben soll. Auch die Alten bewunderten schon die Langlebigkeit des Baumes. So berichtet Pausanias (8.23.3) von einer mächtigen Platane im arkadischen Orchomenos, die von Menelaos selbst gepflanzt worden sein soll, als er hier seine Truppen für Troja anwarb. Also muß die Platane zur Zeit Pausanias' 1300 Jahre alt gewesen sein, ein Alter, das man im Volksglauben heute noch gewissen Exemplaren zuschreibt.

Gerühmt wurden auch die Platanen, die die Wanderwege der Akademie des Platon zu Athen beschatteten. Im antiken Pharai, östlich Patras, am Südufer des heutigen Flusses Peiros, rühmt Pausanias (7.22.4) einen besonders schönen Wald von Platanen, deren Stämme vor Alter innen hohl seien, so daß man darin bequem wohnen könne. Auch Plinius (12.3.6) rühmt unter den Bäumen die Platanen an erster Stelle. Als der Baum in Sizilien angesiedelt wurde, war er derart angesehen, daß man ihn mit Wein begoß und für seinen Schatten eine Abgabe bezahlen mußte.

73 Im Gegensatz zur Platane stand der Ahorn in der Macht des Phobos, des Dämons des Entsetzens und Begleiters des Kriegsgottes Ares. Vielleicht hat dieser schmucke Baum, von dem schon Theophrast (3.11.1) drei Arten kannte, wegen seiner roten Herbstfärbung Schrecken eingeflößt.

71 Dem allmächtigen Zeus war die Eiche, der wohl kräftigste unter den Bäumen, geweiht. In Dodona wurde Zeus unter einer heiligen Eiche angerufen. Wenn die Bitten der Gläubigen erhört wurden, rauschten die Blätter des Baumes und es ertönten Vogelstimmen aus seinen Zweigen, womit Zeus seine Anwesenheit kundtat.

Pitys, die immergrüne Kiefer, in diesem Fall wohl die Mittelmeer-
75 kiefer *(Pinus halepensis),* war der Lieblingsbaum der Zeusmutter Rhea, Tochter des Uranos und der Gaia, weil dieser schlanke in den

70 Die immergrüne Platane bei Gortyn.
71 Wie einst die Tempelbezirke schmücken auch heute
Eichen die Kirchgärten *(Quercus macrolepis).*
72 Fruchtstände der Platane *(Platanus orientalis).*
73 *Acer obtusatum,* eine der zahlreichen in Griechenland wachsenden Ahornarten in Herbstfärbung.
74 *Cuscuta australis,* Hopfenseide oder Teufelszwirn.
Diesen Schmarotzer, dessen Triebe sich um die Stengel
der Wirtspflanze legen und tief in deren Gewebe ein-
dringen, brachten die Alten mit den Quellnymphen in
Verbindung und nannten ihn ›neraïdonima‹, Nymphen-
haar.

74

Äther ragende Baum die Verbindung zwischen Himmel und Erde symbolisierte.

Pitys nannten die Griechen auch die Apollotanne *(Abies cephallo-*
78 *nica)*, die als rein mediterrane Art heute noch in Höhenlagen von über 800 m sehr verbreitet ist. Von der mitteleuropäischen Weißtanne unterscheidet sie sich durch dünne, harzüberzogene aufrecht stehende Zapfen und stechende, spitze Nadeln. Die Krone ist oft unregelmäßig verzweigt. Die Tanne war bei den Alten dem Hirtengott Pan geweiht. Dieser buhlte einst zugleich mit Boreas, dem stürmischen Nordwind, um die Gunst der Nymphe Pitys, die ersterem als dem sanfteren Gott den Vorzug gab. Sie wurde deshalb von Boreas über einen Felsen hinuntergeweht, wo Pan sie entseelt vorfand und in seinen heiligen Baum, die Tanne, verwandelte. Die verwandelte Jungfrau aber weinte, so oft Boreas wehte, und seither träufeln je-
79 den Herbst helle Harztropfen von den Zapfen der Bäume.

76 Die Silberpappel *(Populus alba)* versinnbildlichte mit der Zweifarbigkeit ihrer Blätter chthonische Verehrung, indem die dunkle Seite der Blätter die Unterwelt symbolisierte und die helle Seite das Diesseits. So kam nach dem Mythos Herakles mit einem Kranz von Pappelzweigen aus der Unterwelt zurück, als er den Höllenhund Zerberus besiegt hatte.

Daphne, Tochter des Flußgottes Ladon, hieß die von Apollo geliebte Nymphe. Sie war eine hübsche, wilde Jungfrau, und als Apollo sie begehrte, flüchtete sie zu ihrer Mutter Gaia, die sie in einen Lor-
77 beerbaum *(Laurus nobilis)* verwandelte. Seitdem ist der Lorbeer dem Apollo heilig und diente ihm mit seinem kräftigen aromatischen Duft auch als Mittel zur Reinigung. So erzählt die Sage, daß sich Apollo nach der Tötung des Drachen Python im noch heute lorbeerbewachsenen Tempetal reinwusch und mit Lorbeer bekränzt als gereinigter Sieger in Delphi einzog. Daher kündet der Lorbeer als Siegeszeichen Ruhm und Ehre an. Auch das älteste Heiligtum des Apollo soll aus Lorbeerzweigen erbaut gewesen sein (Pausanias 10.5.9).

86 Der Granatapfel *(Punica granatum)* mit seinen aus der Schale her-
84 vorquellenden zahlreichen fleischigen Kernen galt schon bei den frühen Griechen als Symbol der Fruchtbarkeit und des Lebens und wurde im Kult der Hera, der Ehe und Geburt beschirmenden Göttermut-
85 ter, verehrt. In ihrer Kultstätte in Argos bewunderte Pausanias (2.19.3) die nicht mehr erhaltene Goldelfenbeinstatue der Göttin, die einen Granatapfel in der Hand hielt. Auf den Sinn des Granatapfels

als Fruchtbarkeitssymbol deutet auch die Sage von der Entführung der keimtreibenden Persephone in die Unterwelt, nachdem sie von dem Granatapfel gekostet hatte, mit dem Hades sie verführte. Die Mythen um die Granate nehmen in der Überlieferung einen breiten Raum ein, ist doch die Frucht gleichzeitig der Aphrodite und der Athene geweiht.

Die Eibe *(Taxus baccata)* war den Erinyen, den chthonischen Ra-80, 83 chegöttinnen, geweiht, die menschlichen Frevel mit dem Gift dieses Baumes bestraften. Die Giftigkeit der Eibe war schon im Altertum bekannt. Tatsächlich sind die alkaloidhaltigen Nadeln des Baumes für Mensch und Tier außerordentlich giftig. 500 Gramm seiner Blätter sind für ein Pferd tödlich. Die Jagdgöttin Artemis machte sich diese Eigenschaft zunutze und verwendete mit Eibengift getränkte Pfeile, mit denen sie auf Geheiß ihrer Mutter die Töchter der Niobe tötete, weil diese gegenüber der Titanentochter Leto mit ihrem Kinderreichtum geprahlt hatte (Homer Il. 24.607). Artemis wurde u. a. in einem Heiligtum inmitten eines von Theophrast beschriebenen üppigen Eibenhains auf dem arkadischen Artemision verehrt. Gegenwärtig sind nur noch vereinzelte Exemplare dieser Bäume in den verwitterten Runsen des heute kahlen Berges zu sehen. Das harte, zähe Holz der Eibe war schon im Altertum für Tischler- und Drechslerarbeiten sehr geschätzt. Die Schönheit des Holzes und das langsame Wachstum des Baumes, der über 2000 Jahre alt werden kann, führten schon früh zu seiner weitgehenden Ausrottung, so daß von diesem einst stolzen Waldbaum heute nur noch kümmerliche Restbestände anzutreffen sind.

Im Gefolge semitischer Naturkulte, die im Aphrodite-Kult ihre Fortsetzung fanden, gelangte auch in Griechenland die Myrte *(Myrtus communis)* zu Ruhm und Ansehen. Mit ihren immergrünen Blät-82 tern, der zierlichen weißen Blüte und dem lieblichen Duft galt sie als Symbol von Schönheit und Jugend und war der Aphrodite von Paphos heilig, die dort, aus den Meeresfluten ans Land steigend, ihre unverhüllte Schönheit hinter einem Myrtenstrauch verbarg. Die Myrte gehörte schon bei den Alten zu den bekanntesten Sträuchern der immergrünen Macchie und wurde oft bei Tempeln und Heiligtü-88 mern auch als Zierstrauch angepflanzt. Bei Theophrast ist sie viermal erwähnt. Dioskurides unterschied zwischen der gewöhnlichen blauschwarzen Frucht und einer weißen, die für medizinische Zwecke geeigneter sei. Sie diente ihm zur Heilung von Blasenkrankheiten

75 Aleppokiefer *(Pinus halepensis)*.
76 Die Silberpappel *(Populus alba)*, der Baum des Herakles.
77 Lorbeerbaum in Blüte *(Laurus nobilis)*.
78 Die Apollotanne *(Abies cephalonica)* ist ein Baum der höheren Berglagen, auf diesem Bild am Chelmos. Im Hintergrund ist in der Felswand die Rinne des Styx-Wasserfalles erkennbar.
79 Die Harztropfen an den Zapfen der Apollotanne versinnbildlichten bei den Alten die Tränen der weinenden Nymphe Pitys.
80 Blühende Eibe *(Taxus baccata)*.
81 Die Tamariske *(Tamarix hampeana)* war wie die Myrte der Aphrodite geweiht.
82 Die Myrte *(Myrtus communis)* mit ihrer zierlichen weißen Blüte war der Aphrodite geweiht.

82

83

84

85

86

87

88

83   Die nicht giftigen Früchte der Eibe.

84   Granatapfelkerne, Symbol der Fruchtbarkeit.

85   Im Heraion von Argos stand die berühmte Goldelfenbeinstatue der Hera, einen Granatapfel in der Hand tragend.

86   Granatapfelbaum in Blüte *(Punica granatum)*.

87   Die Blätter der Myrte weisen ein dichtes Netz von Drüsen auf, die wie feine Nadelstiche aussehen und ein ätherisches Öl enthalten.

88   Wie zur alten Zeit schmücken auch heute wieder Myrtensträucher den Garten des Hephaistos-Tempels (Theseion) in Athen.

und gegen den Biß giftiger Spinnen und Skorpione. Eingekochten Saft aus den Beeren, mit Wein vermischt, verschrieb er gegen Darmkatarrh. Noch heute ist dieses Rezept in der Volksmedizin ein beliebtes Mittel bei Verdauungsstörungen der Kinder. Der Saft aus den blauen Beeren wurde zum Schwarzfärben der Haare verwendet.

Die Myrte steht wie die Ehe unter dem Schutz der Aphrodite. Die Verbindung mit der Ehe hat sich bis auf den heutigen Tag im Brautkranz aus Myrtenzweigen erhalten. Athenaeus läßt die Teilnehmer an seinem Gastmahl Myrtenkränze tragen, um den Rausch zu hemmen. Gold- und Silberschmiede bildeten die Myrte in kunstvoller Arbeit nach. Von bezaubernder Schönheit ist der goldene Myrtenkranz, der 1977 im Vorraum der mazedonischen Grabkammer von Vergina gefunden wurde.

87   Wenn man ein Myrtenblatt gegen das Licht hält, sieht man dieses wie durch zahlreiche Nadelstiche durchlöchert. Diese werden der Gattin des Theseus, der unglücklichen Phädra, zugeschrieben, die aus Gram über die von ihrem Stiefsohn Hyppolitos verschmähte Liebe die Blätter eines bei Troizen stehenden Myrtenbaumes durchstach, bevor sie sich daran erhängte. Nach einer anderen Überlieferung durchlöcherte Phädra die Myrte aus Rache an Aphrodite in deren Heiligtum zu Troizen, weil sie keine Macht über Hyppolitos gewinnen konnte. Über das Phänomen der durchlöcherten Myrten-

89   Als Aphrodite aus dem Meer stieg, verbarg sie ihre unverhüllte Schönheit hinter einem Myrtenstrauch. Um 100 v. Chr., Museum Rhodos.

blätter berichtet uns Pausanias (1.22), dem man bei seiner Durchreise in Troizen versicherte, daß es sich nicht um eine natürliche Erscheinung handle, sondern tatsächlich um eine Verzweiflungstat der Phädra, die die Myrtenblätter mit ihrer Haarnadel durchlöcherte. Für uns sind die Löcher in den Myrtenblättern die das ätherische Myrtenöl enthaltenden Drüsen.

90   Tetradrachmon von Mende, um 540 v.Chr., mit Esel, auf seiner Kruppe ein Star, im Hintergrund Weinstock mit Trauben.

Auch die Tamariske *(Tamarix sp.)*, griechisch ›myriki‹, verkörper- 81 te Schönheit und Jugend und war deshalb der Aphrodite geweiht. Nach einer anderen Überlieferung wurde Myriki, Tochter des kyprischen Königs Kinyras und Schwester des Adonis, in eine Tamariske verwandelt. Beide Zuordnungen basieren auf der Zartheit des Strauches mit der Fülle rosafarbener Blüten, die im Frühling die Ufer der Wasserläufe beleben. Bei Homer hängt Odysseus die Rüstung des vor Troja niedergestreckten Dolon an eine blühende Tamariske (Il. 10.466), womit eine besondere Ehrung des von Diomedes meuchlings ermordeten Heldenjünglings ausgedrückt werden soll.

Die Weinrebe *(Vitis vinifera)* galt als Schöpfung des Dionysos und 92 war diesem geweiht. Zahlreiche Mythen, die auch in der Kunst Ausdruck fanden, weisen auf die engen Beziehungen zwischen dieser alten Kulturpflanze und dem Weingott hin, der mit seinem lärmenden Gefolge von Satyrn, Faunen und Mänaden die Menschen in seine Gewalt zwingt. Auf gewissen Münzen, wie dem Tetradrachmon von Mende, wird der Weinstock zusammen mit einem Esel dargestellt. 90 Nun ist zwar der Esel das Reittier des Dionysos, aber es könnte auch eine andere symbolische Bedeutung aus dem Münzbild abzulesen sein: Pausanias (2.38) ließ sich in Nauplia erzählen, daß ein von ihm besichtigter in einen Felsen eingemeißelter Esel zu Ehren jenes Esels stehe, der von einem Weinstock gefressen, wonach letzterer im folgenden Jahr viel mehr Trauben getragen habe als vorher. Damit wäre der Esel der Erfinder der Beschneidung des Weinstocks.

91   Artemis wurde als Herrin der Tiere und der freien Natur in verschiedenen
Heiligtümern verehrt. Das Bild zeigt ihren Tempel in Brauron, wo alle fünf Jahre
ihr zu Ehren ein großes Frauenfest mit rhapsodischen Wettkämpfen stattfand.

92   Das rebenumrankte Schiff des Dionysos auf einer attischen Trinkschale.
Um 530 v. Chr., Staatliche Antikensammlungen, München.

93 Tetradrachmon
mit Eule und Oli-
venzweig als Symbol
der Stadtgöttin
Athene.

Eine der ältesten Kulturpflanzen im Mittelmeerraum ist der Ölbaum *(Olea europaea)*, er wurde der Stadt Athen von deren Schutzgöttin im Streit mit Poseidon um den Besitz von Attika geschenkt.
Nach Ratschluß der Götterversammlung sollte das Land derjenigen
Gottheit gehören, die ihm das wertvollere Geschenk böte. Poseidon
läßt mit seinem Dreizack auf der Akropolis einen Salzquell entspringen, während Athene den ersten Ölbaum wachsen läßt. Der Sieg
ward Athene zugesprochen. Seitdem war der Olivenzweig zusammen mit der Eule das Wahrzeichen der Göttin und Symbol für Sieg
und Frieden.

93

Die Verbindung des Ölbaums mit dem Götterkult ist mehrmals
verbürgt. In Olympia war die Zeusstatue des Phidias mit einem Oli-
venkranz geschmückt. Von wunderbarer Kraft ist die Salbe aus dem
Saft der Olive, derer die Göttinnen sich bedienen. Hera selbst salbt
sich mit göttlichem Olivenöl, als sie Zeus verführen will. Seine wirt-
schaftliche Bedeutung erlangt der Ölbaum erst in nachhomerischer
Zeit. Bis dahin dient das Öl nur den Edlen und Reichen und wir finden es als kostbare Salben in den Schatzkammern der trojanischen
Helden.

Die Palme nimmt in der griechischen Pflanzenornamentik eine besondere Stellung ein. Gleich der stilisierten Lotosblüte, die das strö-
mende Leben ausdrücken will, hat die Palme der griechischen Kunst
das viel verwendete fächerförmige Palmettenmotiv inspiriert.

Die botanische Ordnung dieser schlanken Bäume mit ihren großen gefächerten Blättern hat schon Linné *Principes* genannt, die
»Fürsten« unter den Pflanzen. Mit 3400 Arten in 236 Gattungen gehören die Palmen zu den zehn artenreichsten Familien aller Blüten-
pflanzen. Wie die Darstellungen der kretisch-mykenischen Kunst
beweisen, war die Palme schon den frühesten Kulturen bekannt. Die
kretische, wilde Dattelpalme wurde erstmals von Theophrast erwähnt und trägt heute dessen Namen *Phoenix theophrasti*. In den
göttlichen Mythen steht sie in enger Beziehung zu Apollo, der in Delos im Schatten einer Palme geboren wurde (Homer hymn. 3.116).
Aus dem Bereich Apollos dürfte die Palme dessen Zwillingsschwester
Artemis zugekommen sein, deren Hain in Aulis aus Dattelpalmen bestand (Pausanias 9.19.5). Bezeichnenderweise weiß Pausanias zu berichten, daß die Früchte dieser Palme nicht eßbar, aber immer noch
besser als diejenigen in Ionien seien. Auch daraus ist ersichtlich, daß
die Palme im alten Griechenland nicht heimisch, sondern eingeführt

94 Wildwachsende
Palmen auf Kreta.

war. Wegen ihrer Eigenartigkeit unter den Pflanzen beeindruckte
die Palme immer wieder die Völker. Wenn sie auch im griechischen
Raum nur in Kreta wild vorkommt, so dürfte sie doch öfter angepflanzt gewesen sein. Vielleicht wurde sie sogar von Theseus aus
Kreta mitgebracht, als dieser in Delos zu Ehren von Apollo einen
Wettkampf veranstaltete und die Sieger mit Palmenzweigen bekränzte. Trotz eines pythagoräischen Verbots, Dattelpalmen anzu-
pflanzen, deren Zweige als gottlose Siegeszeichen galten, sah man
bis zum Ausgang der Antike die Umgebung der Heiligtümer immer
wieder mit diesem »Wunderbaum« geschmückt, der der Landschaft
einen seltsamen Reiz und einen fremdartigen Schimmer des jenseits
gelegenen orientalischen Sonnenlandes verlieh.

Heute kommt die Theophrast-Palme noch an fünf Stellen in Kreta 94
wild vor. In der kretischen Landschaft wirkt das Bild der palmenbe-
standenen Sandstrände oder Flußbette ungewöhnlich und der Betrachter stellt sich unvermittelt die Frage, ob es sich nicht um Überreste von einst von den Minoern aus Afrika herübergeholten Pflanzen
handelt. Auf einen Import der Palme in Griechenland weist auch der
schon von Homer gebrauchte Name ›phoinix‹ hin, also der Baum aus
Phönizien.

95

95 Das im Innern des Riesenfen-
chelschaftes schwelende Mark, mit
dem Prometheus das Feuer auf die
Erde brachte.
96 Der Riesenfenchel *(Ferula
communis)*, oft bis 4 m hoch, ist mit
seinen gelben Blütendolden eines
der eindrucksvollsten Gewächse der
steinigen Triften.

96

97   98   99

97 Nachgebildeter Thyrsosstab (Fenchelstengel mit Pinienzapfen), wie er für
dionysische Darstellungen überliefert ist.
98 Der Keuschlammstrauch *(Vitex agnus castus)* gehört wegen seiner vielfältigen
Qualitäten zu den meistgerühmten Pflanzen des Altertums.
99 Die Mannaesche *(Fraxinus ornus)* aus deren Holz die Alten Spieße und
Speere fertigten.

Zahlreiche Gewächse sollen ihr Dasein Göttern und Heroen verdanken oder stehen in enger Beziehung zu den mythologischen Vorstellungen der Griechen. Etliche Pflanzenbenennungen waren schon im Altertum von Götternamen abgeleitet. Andere Pflanzen sind als verwandelte Nymphen auf uns gekommen. Von diesen Geschichten soll der vorliegende Abschnitt handeln und eine lebendige Beziehung herstellen zu allen jenen Pflanzen, die die alten Griechen in ihrer Vorstellungswelt beseelt haben.

Am Anfang war Prometheus, vom alten Göttergeschlecht der Titanen, das von Zeus entthront worden war. Kluger Erfindung voll, hatte er den Menschen erschaffen, ihm die Kunst des Zimmerns beigebracht und ihn den Ackerbau gelehrt. Neidisch beobachtete Zeus dieses Treiben und beschloß, den Sterblichen die letzte Gabe zu verweigern, derer sie bedurften: das Feuer. Doch der Erfindergeist Prometheus' wußte auch hier Rat. Er nahm einen markgefüllten, knotigen ›Narthex‹-Stengel, stahl heimlich in Hephaistos' Schmiede das Feuer und brachte es im hohlen Schafte dieser Pflanze zur Erde. 95

Es handelt sich um den im Sommer auf Trockenhügeln wachsenden Riesenfenchel *(Ferula communis)*, dessen schnellgewachsener Stengel mit einem leicht entzündbaren Mark gefüllt ist, das nur sehr langsam vom Feuer verzehrt wird, ohne daß die äußere Rinde verbrennt. Diese Eigenschaft machen sich noch in der Neuzeit die Matrosen zunutze, um auf den windigen Decks ihrer Schiffe ihre Pfeifen anzuzünden. Bei aller

100   Ausschnitt aus einer attischen Spitzamphora, um 500 v. Chr. Den Thyrsos tragende Mänade, mit dem sie einen Silen im Gefolge des Dionysos abwehrt.

101

101 Der Regenbogen war bei den Alten die schillernde Straße, auf der die Götterbotin Iris die Seelen der Sterblichen in die Unterwelt geleitete. Nach ihr ist die Gattung der Schwertliliengewächse benannt.
102 *Iris cretica.*
103 *Iris germanica.*
104 *Iris pumila attica.*
105 *Iris sintenisii.*
106 *Iris ochroleuca.*
107 *Hermodactylus tuberosus,* eine der Iris verwandte Art.

102

103

104

105

106

107

108

09

110

111

108   Eine mit der röhrigen Asphodele
(Asphodelus fistulosus) bewachsene Flur,
deren Anblick uns in die elysischen Gefilde
der Alten versetzt.

109   Einzelblüte des Sommeraffodills *(Asphodelus aestivus).*
110   Die gelbe Asphodeline *(Asphodeline lutea).*
111   *Asphodeline liburnica.*

112   Persephone bediente sich des magischen
Zweiges der Mistel *(Viscum album)* zum
Öffnen der Pforten der Unterwelt.

112

Phantasie des Mythos zeugt diese Geschichte dennoch von der großen Beobachtungsgabe der alten Griechen.

Der Riesenfenchel war auch dem Weingott Dionysos geweiht. Die markgefüllten, leichten Stengel, aus denen die ›thyrsoi‹ gefertigt wurden, jene in einen Pinienzapfen auslaufenden Stäbe, die von den Teilnehmern des Dionysoskultes getragen wurden, waren als Stöcke, auf die man sich stützen konnte, stark genug, aber zu schwach um jemanden damit zu verwunden. Darum soll Dionysos den Weintrinkern befohlen haben, sich nur solcher Stöcke vom Riesenfenchel zu bedienen, um in der Trunkenheit andere nicht damit zu verletzen.

Zur Strafe dafür, daß Prometheus auf dem Olymp das Feuer entwendet hatte, ließ Zeus ihn an den Kaukasus schmieden, wo ihm ein Adler die stets nachwachsende Leber zerhackte. Als Prometheus durch den Kentauren Chiron von seinen Leiden erlöst wurde, setzte er sich zur Erinnerung an seine Fesselung einen Kranz aus den weidenartigen Zweigen des Keuschlammstrauches *(Vitex agnus castus)* auf, dessen Holz äußerst zäh und daher zu Fesseln geeignet ist (Athenaeus 15.647; 673). In den Wäldern des Ida fesselte Achilles des Priamos' Söhne mit biegsamen Keuschlammgerten (Homer Il. 11.105) und Odysseus band die Schafe des einäugigen Polyphem, unter deren Bäuchen er seine Gefährten versteckte und aus der Höhle des Kyklopen trieb, mit Vitexruten zusammen (Homer Od. 9.427). Keusch heißt der Strauch, weil ihn die Frauen an den Thesmophorien, den alljährlichen Festen zu Ehren der Demeter, als Lager benutzten, um ihre Keuschheit zu bewahren (Dioskurides 1.134). Hera, Hüterin der Ehe, soll unter einem Keuschlammstrauch geboren worden sein. Pausanias (8.23.5) ließ sich in Arkadien erzählen, daß der Keuschlammstrauch, der den Vorhof des Heratempels auf Samos schmückte, mit der heiligen Eiche des Zeus in Dodona zu den ältesten zu seiner Zeit noch erhaltenen Bäumen gehörte. In Sparta trug Asklepios den Beinamen ›agnitas‹, der Keusche, weil dort sein Bild aus dem Holz des Keuschlamm gefertigt war (Pausanias 3.14.7).

Damit gehört der Keuschlammstrauch zu den meistgerühmten Pflanzen des Altertums. Die einen würzigen Duft verbreitende Pflanze mit ihren handförmigen, an der Oberseite grauweißen Blättern und den weißen bis hellblau oder zartrosa gefärbten Blütenquirlen ist noch häufig an Wasserläufen und in Meeresnähe anzutreffen.

Zur Geschichte der Erschaffung des Menschen berichtet uns Hesiod, daß hierzu das harte Holz der Mannaesche *(Fraxinus ornus)*

verwendet wurde. ›Melia‹, der alte Name dieses in Gebirgstälern des Nordens häufigen Baumes, erinnert an die melischen Nymphen, die ältesten der Naturgottheiten und Beschützerinnen der Herden. In der üppigen Blütenform der Mannaesche glaubte man einen himmlischen Baum zu erkennen, der an die einem Gewitter vorausgehende Wolkenbildung erinnerte. Diese göttliche Vorstellung von der Mannaesche ist zweifellos auf das vorzügliche Holz dieses Baumes zurückzuführen, aus dem früher Lanzen und Speere hergestellt wurden. Homer erwähnt viermal solche Waffen aus dem Holz der Mannaesche. Nemesis, die Göttin der Gerechtigkeit, hält einen   113
Eschenzweig in der Hand, um damit ihre Härte und Unbeirrbarkeit anzudeuten, während die Erinyen als rächende Plagegöttinnen in ihrem ehernen Palast in der Unterwelt Eschenstöcke zur Bestrafung der Fehlbaren trugen. Vom Ansehen des Eschenholzes zeugt auch das Gastgeschenk des Kentauren Chiron zur Hochzeit des Peleus und der Thetis: ein Eschenzweig, aus dem man einen Speer verfertigte, der zuerst von Peleus und dann von Achilles getragen wurde.

Zu Ehren der Götterbotin Iris trägt die gleichnamige Pflanzengattung der Schwertliliengewächse ihren Namen. Die Rolle der Iris war so zu verstehen, daß sie die Seelen der Sterblichen entlang der Bahn des glänzenden Regenbogens, mit dessen Farben die Schwertlilien ja   101
gezeichnet sind, ins Land des ewigen Friedens begleitete. Hierauf mag die Sitte zurückzuführen sein, daß hauptsächlich im Orient die Gräber noch heute mit Schwertlilien geschmückt werden. Die Schwertlilien gehören zu den ersten Frühlingsblühern und erfreuen den   102, 104
Wanderer mit ihren leuchtenden Regenbogenfarben auf blauem   105, 106
oder gelbem Grund. Zu den schönsten Arten gehört die bis 80 cm hohe, heute weitgehend kultivierte *Iris germanica,* die vielleicht frü-   103
her im östlichen Mittelmeer heimisch war. Mit dem wohlriechenden Wurzelstock würzten die Alten ihren Wein oder verwendeten das daraus gewonnene ätherische Öl zur Beseitigung üblen Mund- und Schweißgeruches. Heute wird eine weiße Varietät in Italien zur Parfumgewinnung kultiviert.

Zu den Schwertliliengewächsen gehört auch der Wolfsschwertel *(Hermodactylus tuberosus),* eine in ganz Griechenland auf felsigem   107
Grund verbreitete Pflanze. Der wissenschaftliche Name »Hermesfinger« steht für die wie eine Herme aus dem Boden sprießende Blume.

113

113 Das Heiligtum der Nemesis in Rhamnous, der Göttin der Gerechtigkeit, die zum Zeichen ihrer Härte mit einem Eschenstab dargestellt wurde.
114 *Narcissus serotinus,* eine im Herbst blühende zierliche Narzisse.
115 *Narcissus poeticus,* die Dichternarzisse.

114   115

16

18

117

116 Mohnfeld *(Papaver rhoeas)*. In der Mitte eine weiße Abart.

117 Der Löwentrapp *(Leontice leontopetalum)*.

118 Die faserigen Stengel des Löwentrapps lieferten vielleicht den berühmten »Faden der Ariadne«.

Im Totenreich bietet der düstere Hades den kraftlosen Gestalten der Verstorbenen Aufenthalt auf einer öden Flur, die von Sommer-Affodill *(Asphodelus aestivus)* bewachsen ist. In dieses Bild fügt sich die fahle, grautönige Blüte der Asphodele gut ein, gibt sie doch dem Landschaftsbild ein bedrückendes Aussehen, das zur Traurigkeit und Leere des Reichs der Unterwelt ausgezeichnet paßt. Homer (Od. 11.539; 24.13) bezeichnet die Unterwelt kurzerhand als Asphodeloswiese. Auf einer dieser Wiesen voll hochgewachsener Asphodelen, deren aschfarbene Blüten über unzähligen Küstenstreifen Griechenlands schweben, trafen sich auch die Geister der vor Troja gefallenen Helden. Die im Winter kahlen Stengel der Asphodele inspirierten die Dichter zu ihrer Vorstellung vom Heere der Geister, die an den Ufern des Acheron herumwandeln. Auch der widerliche Geruch der Pflanze und die düstere, violett angehauchte Blütenähre stehen sicher in Beziehung zum bleichen Tod und zum Dämmerlicht der Unterwelt. Weil außerdem die stärkehaltigen Wurzelknollen geröstet und mit Feigen vermischt eine ergiebige Nahrung darstellen, die im Altertum wie noch heute in Notzeiten oft gegessen wurde, so entsprach es der Denkweise der Alten, mit dieser Pflanze den Toten eine wenn auch karge Nahrung in ihre Wohnstätte mitzugeben. Von Schafen und Ziegen wird die Asphodele wegen ihrer nadelhaltigen Kristalle konsequent gemieden. Dies erklärt die große Verbreitung der Pflanze und ist ein typisches Beispiel für die seit alters her unkontrollierte Weidewirtschaft, die die primäre Vegetation degenerieren und die sich selbst mehrenden Pflanzen überhandnehmen läßt. Wenn im Altertum von ausgedehnten Asphodelenwiesen gesprochen wird, so deutet dies darauf hin, daß schon damals das Gleichgewicht der natürlichen Vegetation gestört war.

Bei der röhrigen Asphodele *(Asphodelus fistulosus)* mit den graziös gezeichneten Blütenpetalen und den schmalen zierlichen Blättern könnte es sich um die dekorativere Art handeln, die die elysischen Gefilde schmückte, jenes Land der Seligen im milden Westen der Erde, wohin nur die Söhne der Götter und die im Kampf gefallenen Helden versetzt wurden.

Wenngleich von den Alten nicht erwähnt, gehören auch die beiden dem Affodill verwandten und in Griechenland wild wachsenden Junkerlilienarten *Asphodeline lutea* und *Asphodeline liburnica* hierhin, bei denen es sich um in Mitteleuropa begehrte Zierpflanzen handelt.

119 Spätminoisches Idol einer Göttin, die auf ihrem Stirnreif drei Samenkapseln des Schlafmohns trägt, eine Beigabe, die an eine Heil- oder Fruchtbarkeitsgöttin denken läßt.

Zum Öffnen der Pforten der Unterwelt soll sich Persephone des magischen Zweiges 12 der Mistel *(Viscum album)* bedient haben (Vergil Aen. 6.205). Die seltsame Schmarotzerpflanze wurde schon von den antiken Botanikern treffend beschrieben. Aus der klebrigen Substanz der Beere bereitete man einen Vogelleim für den seit alters her beliebten Vogelfang mit Leimruten. In der Medizin hatte die Mistelbeere als Geschenk des Himmels heilende Wirkung bei Epilepsie. Bei uns hat sich der Brauch der Weihnachtsmispel als Glücksbringer bis in die heutigen Tage erhalten.

Die Narzisse hatte Gaia Hades zuliebe sprießen lassen, um mit 114, 115 deren süßem Wohlgeruch Persephone in die Unterwelt zu locken. Auf diesen Mythos in Verbindung mit dem betäubenden Duft der Narzisse dürfte die bis heute anhaltende Sitte zurückzuführen sein, Tote und Gräber mit Narzissen zu schmücken. In Narzissenextrakt tauchten aber auch die Dienerinnen der Aphrodite deren Wäsche. Die Narzisse wurde nach Narkissos benannt, dem Sohn des böotischen Flußgottes Kephisos und einer Waldnymphe. Er war so schön, daß alle Nymphen sich in ihn verliebten. Der Jüngling erwiderte aber diese Zuneigung nicht, da er nur sich selbst liebte. Die Götter beschlossen, ihn deswegen zu bestrafen. Als er eines Tages wieder einmal an einer der vielen Quellen am Helikon sein Spiegelbild betrachtete, fiel er vor Entzücken hinein und ertrank (Pausa-

120

121

122

120 Adonisröschen *(Adonis annua)*.
121 Kranzanemone *(Anemone coronaria)*.
122 Eine weitere häufige zierliche Anemonenart *(Anemone blanda)*.

123   124

125   126

123   Rittersporn *(Consolida ajacis).*

124   Detailbild der Ritterspornblüte, auf der der legendäre Buchstabe »A« mit einem »I« auf beiden Seiten zur Erinnerung an den Helden Aias erkennbar ist.

125   *Centaurea mixta,* eine niedrige Flockenblumenart.

126   *Centaurea lactucifolia,* eine Flockenblume asiatischer Herkunft, deren Vorkommen in Griechenland auf die Insel Rhodos beschränkt ist.

nias 9.31.8). Zurück blieb eine Blume mit einem goldenen Kranz, die Narzisse, die sich noch heute wie Narkissos über den Wasserspiegel der Bäche beugt.

Als Persephone durch Hades entführt wurde, linderte Demeter mit dem betäubenden Saft des Schlafmohns ihren Schmerz. Dieser war den Alten schon in frühesten Zeiten bekannt, wie kretisch-mykenische Darstellungen von Göttinnen mit Mohnkapseln bezeugen. Die samenreiche Mohnpflanze hat lebengebenden Sinn, daher auch die Beziehungen zwischen Mohn und Demeter, der Erdgöttin, die den Feldern Fruchtbarkeit schenkt. Die hippokratischen Ärzte gebrauchten verschiedene Mohnarten. Sie bedienten sich sowohl der samenhaltigen Köpfe als des Saftes. Der Saft ist das eigentliche Opium, dessen schlafmachende Wirkung Hippokrates bekannt war. Dioskurides gibt bereits genaue Anweisungen, wie man das Opium herstellt, ja sogar wie man die teure Droge verfälscht. Er zerstößt die Köpfe mit den Blättern, preßt sie aus, verreibt sie im Mörser und dreht aus dem Brei Pillen. Von der Größe einer Erbse lindere die Pille den Schmerz, bringe Schlaf und sei wohltuend bei Unterleibsschmerzen, führe aber bei zu reichlichen Gaben zu Schlafsucht und schließlich zum Tode. Den schmerzlindernden Saft ›nepenthes‹ gab Helena dem Heldensohn Telemachos und seinen Gefährten, um sie ihr Leid um die vor Troja gefallenen Krieger vergessen zu lassen. Vielleicht handelte es sich um den Mohnsaft.

Der opiumhaltige Schlafmohn muß in Griechenland ein Importprodukt aus Ägypten gewesen sein. Die getrockneten Blütenblätter der in Griechenland hauptsächlich vorkommenden Art *Papaver rhoeas* galten lediglich als leichtes Sedativum und wurden als schleimlösendes Mittel Hustenteemischungen beigefügt.

Zu den der griechischen Mythologie zugeordneten Feldblumen gehört *Consolida ajacis,* eine mediterrane Rittersporart, die den Namen des Aias' vom Geschlecht der Salaminer trägt, des tapfersten der griechischen Helden nach Achilles. Als Achilles vor den Mauern Trojas von Paris' Pfeil getroffen wurde, entbrannte um dessen Leiche am skaischen Tor ein erbitterter Kampf, aus dem Aias siegreich hervorging, während Odysseus die drängenden Feinde abwehren half. Im Streit um die Waffen Achilles' mußte sich jedoch Aias Athenes Schiedsspruch fügen und die Waffen Odysseus überlassen. In seiner Empörung wird Aias vom Wahnsinn befallen und beschließt, die ihm widerfahrene Schande mit dem Freitod zu sühnen.

127   Selbstmord des Aias. Korinthische Schale um 580 v. Chr. Basel, Antiken-
museum.

Aus seinem Blute entsproß eine Blume, auf deren Blütenblättern der
griechische Klagelaut »Ai« stand, gleichzeitig die Anfangsbuchsta- 124
ben des Namens des tapferen Helden (Ovid met. 13.397). Das tragi-
sche Ende des Helden, der sich in sein eigenes Schwert stürzte, ist in
zahlreichen Vasenbildern wiedergegeben.   127
   Auf Getreideäckern begegnen wir hin und wieder dem Löwentrapp *(Leontice leontopetalum)*, eine der als »thision« identifizierten 117
Pflanzen der alten Griechen. Aus den faserigen Stengeln dieser   118
Pflanze soll Ariadne jenen Faden verfertigt haben, mit dem sie Theseus die Rückkehr aus dem Labyrinth ermöglichte und ihm dadurch
das Leben rettete. Die fleischige Knolle, der Theophrast (7.12) abführende Wirkung zuschreibt, gilt in Arabien als Heilmittel gegen
Epilepsie und enthält im übrigen eine reinigende Substanz, die in
Kaschmir zum Waschen von Stoffen verwendet wird.
   Eine der siebzig in Griechenland vorkommenden Arten der Flok-
kenblume *(Centaurea sp.)* mag das »große Kentavrion« gewesen sein, 125, 126
die Pflanze des heilkundigen Kentauren Chiron, Lehrer des Asklepios und Erzieher des Helden Achilles. Mit diesem Kraut behandelte
Chiron die Wunde, die ihm Herakles aus Versehen am Fuße beige-

73

128

129   130

128   Diese zierliche Rose wächst auf dem Berge Panghaion, wo einst schon König Midas Rosengärten unterhielt.

31

132

◁ 129   *Rosa canina*, die Hundsrose.
◁ 130   Der heilkräftige Alant
(Inula helenium).

131   Kardendistel *(Dipsacus silvestris).*
132   Die Blätter der Kardendistel
bilden eine Mulde, in der sich das
Tau- und Regenwasser sammelt. Sie
wurde deshalb von den alten Griechen
»Venusbad« genannt.

33

134

133   *Arundo donax*, der Schilfrohrbusch, aus dem Pan seine Hirtenflöte fertigte.
134   Frauenhaar *(Adiantum capillus-veneris).*

bracht hatte. Zwar heilte die Wunde des Chiron nie, was ihn veranlaßte, zugunsten des Prometheus auf seine Unsterblichkeit zu verzichten und damit seinem Leiden ein Ende zu machen. Die Unsterblichkeit des Chiron lebt gleichwohl im Sternbild des Kentauren fort. Bei Dioskurides (3.6) ist das »große Kentavrion« tatsächlich ein wichtiges Wundmittel. Er nennt es auch ›chironias‹ oder »Heraklesblut«, so daß also auch bei ihm die Verbindung zum Kentauren Chiron bestand.

Zu den berühmtesten Pflanzen des Chiron gehört auch das ›panakes chironion‹ des Theophrast (9.9.2), das wir mit dem in den thessalischen Waldtälern wachsenden echten Alant *(Inula helenium)* identifizieren können. Seit Hippokrates in der Heilkunde verwendet, handelt es sich bis auf die heutigen Tage um eine wichtige Medizinalpflanze. Die Wurzel enthält Helenin, das besonders in der Lungenmedizin ein geschätzter Wirkstoff ist und auch in der Tierheilkunde angewandt wird. Eine ›chironios riza‹ (Chironswurzel) ist auch für den Heilgott Asklepios verbürgt, wobei es sich um die gleiche Pflanze handeln dürfte. Helenion, der Alant, soll aus den Tränen der Helena entstanden sein, als diese den Verlust des Steuermannes Canopos beklagte, der sie mit Menelaos nach der Einnahme von Troja nach Ägypten geführt hatte.

Mehrere Blumenlegenden werden mit dem Namen Adonis in Verbindung gebracht. Nach seiner Geburt aus einem Myrtenstrauch wurde Adonis von Aphrodite aufgenommen und Persephone übergeben. Auf Geheiß des Zeus verbrachte Adonis zwei Drittel des Jahres auf der Erde bei Aphrodite und ein Drittel bei Persephone in der Unterwelt. Als Adonis durch einen Eber starb, vergoß Aphrodite ebensoviele Tränen wie Adonis Blutstropfen gelassen hatte, und aus jeder Träne sproß eine weiße Rose und aus jedem Blutstropfen ein Adonisröschen *(Adonis annua)*. So überliefert es uns der Hirtendichter Bion aus dem 2. Jahrhundert v. Chr. Möglicherweise entsprossen aus den Blutstropfen Adonis' aber auch Anemonen, da diese in Griechenland viel häufiger anzutreffen sind als Adonisröschen. ›Anemoni‹, der Wind, nannten schon die Alten diese in zahlreichen Arten vorkommende liebliche Pflanze, die mit ihren verschiedenfarbigen Blütenkelchen alljährlich den Frühling verkündet, aber ebenso schnell wieder verschwindet, so daß sie zum Symbol der rasch verblühenden Jugend wurde, wie diese vom früh verstorbenen Adonis verkörpert wird.

Zahlreich sind die Mythen von der von Homer vielbesungenen Rose, aus der man ein duftendes Öl herstellte. Es handelte sich freilich damals um die wilde Hundsrose *(Rosa canina)*, denn die Gartenrose ist erst später kultiviert worden. Über die Entstehung der wilden Rose sind verschiedene Legenden überliefert. Ovid (10.728) ließ auch die Rose aus dem Blut Adonis' entstehen, nach anderen Quellen sproß sie aus einem Blutstropfen Aphrodites. Die hundertblättrige Rose (Rosa centifolia) führt in den Bereich des Dionysos am Panghaion, wo der goldgierige mazedonische König Midas Rosengärten unterhielt. 129 128

Die weniger wegen ihrer unscheinbaren Blüte als wegen ihrem dekorativen Fruchtstand bekannte Kardendistel *(Dipsacus sylvestris)* fand das Interesse der Alten angesichts der sich paarweise gegenüberstehenden Blätter, die mit dem Stengel verwachsen sind und dadurch eine muldenartige Vertiefung bilden, in der sich das Tau- und Regenwasser sammelt. Wegen dieser wundersamen Erscheinung nannte Dioskurides die Kardendistel auch »Venusbad«. Mädchen, die sich mit dem Wasser aus den Blattachseln der Kardendistel waschen, sollen besonders schön werden. Etymologisch ist der wissenschaftliche Pflanzenname von ›dipsa‹, Durst, abzuleiten, weil der Wanderer aus dem Wasservorrat in den Blattachseln den Durst löschen kann. 131 132

Das Frauenhaar *(Adiantum capillus-veneris)* zählt Theokrit (13.42) zu den Pflanzen der Hylasquelle. Hylas, ein Liebling des Herakles, ward auf der Argonautenfahrt in Mysien zum Wasserholen ausgesandt und wurde von den Quellnymphen entführt, während Herakles auf der Suche nach dem verschwundenen Hylas die Abfahrt der ›Argo‹ versäumte. In der Medizin galt das Frauenhaar als nützliches Mittel gegen Haarausfall, vielleicht wegen des haarartigen Aussehens der Blattstengel. 134

Syrinx war eine arkadische Hamadryade, die von Pan geliebt wurde. Pan stellte ihr nach, und im Moment als er sie erwischen wollte, wurde die Nymphe von ihren Schwestern in einen Schilfrohrbusch *(Arundo donax)* verwandelt. Pan schnitt einige Schilfrohre ab, fügte diese in verschiedenen Längen mit Bienenwachs zusammen und legte sie an den Mund, womit er zum Erfinder der Hirtenflöte wurde (Ovid 1.711). Seitdem ruft der flötenspielende Pan mit seinem Instrument durch sein plötzliches Erscheinen unter den in der sommerlichen Mittagsstille weidenden Tieren den nach ihm benannten »panischen« Schrecken hervor. 133

135

136

137

138

139

140

135 *Dianthus arboreus*, die baumartige Nelke.
136 *Dianthus haematocalyx*, eine blutrote Bergnelke.
137 *Dianthus deltoides subsp. degenii*, eine Heidenelke.
138 *Dianthus crinitus*, eine endemische Nelke aus Rhodos.
139 *Lychnis coronaria*, die Kranzlychnis.
140 *Leucojum aestivum*, eine Knotenblumenart.

141 *Ornithogalum nutans*, der nickende Milchstern.
142 Das bereits im Spätherbst blühende Schneeglöckchen *(Galanthus nivalis subsp. reginae olgae)*.
143 *Gladiolus italicus*, die wilde Gladiole, bei der es sich vielleicht um die mit einem Klagelaut gezeichnete »Hyazinthe« der Alten handelt.
144 *Ornithogalum nanum*, eine weitere Milchsternart.

141

142

144

143

Bei dem schönheitsdurstigen Volk der Griechen spielten Kränze aus Blumen, Blättern oder geflochtenen Zweigen als Schmuck in Freud und Leid eine wichtige Rolle. Sie waren jedoch nicht nur Zierde, sondern wurden auch bei Kulthandlungen und Prozessionen oder als Geschenke für die Götter gebraucht.

Die Erfindung der Blumenkränze wird Dionysos zugeschrieben, der als erster den Efeu zu diesem Zweck benutzt haben soll, wie denn auch am Anfang die Ehre des Kranzes den Göttern vorbehalten war. Bald bekränzte man jedoch auch die Opfertiere, es folgten die Priester und schließlich die Andächtigen selbst. Zum Dank an die Götter wurden die glücklich heimkehrenden Schiffe mit Blumen geschmückt. Im Frühjahr bekränzten die Athener ihre Kinder, die das dritte Lebensjahr erreicht hatten, zum Dank dafür, daß sie das hilfloseste Kindesalter glücklich überstanden hatten. Als letztes Zeichen von Anhänglichkeit und Achtung schmückte man auch die Toten und ihre Gräber mit den kostbarsten Blumen.

Es bestanden zahlreiche Vorschriften darüber, welche Kränze zu einem bestimmten Zweck getragen werden durften. Den Göttern waren die immergrünen Laubzweige als Symbol der Beständigkeit göttlicher Ordnung vorbehalten. Von ihnen wurden die Ehrenkränze aus Lorbeer-, Öl- und Fichtenlaub auf die Sieger der großen Wettkämpfe übertragen. Mit Feldblumen wurden die Opferschalen und

145   Szene im Brautgemach der Alkestis, um 430/420 v. Chr. Athen, Nationalmuseum. Alkestis als junge Braut empfängt den Festzug ihrer geschenkbringenden Freundinnen. Uns interessieren auf dem Vasenfries die Blumengeschenke und Kränze.

Götterbilder in den Tempeln geschmückt. Später wurde es zur Sitte, daß sich auch Freunde oder Liebespaare durch Blumen ihre Zuneigung bezeugten. Bei Hochzeiten schmückten sich nicht nur Braut und Bräutigam, sondern alle anwesenden Verwandten und Gäste mit Blumen, wie bei der Vermählung des Jason mit der Medea, wo sämtliche Argonauten mit Blumenkränzen geschmückt waren. Die in Gold und Silber nachgebildeten Kränze als Grabbeigaben für die Toten symbolisierten den Sieg der Seele über das irdische Leben.

146   Epirotische Münze,
279–274 v. Chr. Kopf des
Zeus Dodonaios mit Eichen-
kranz.

Zu den heiligen Kranzblumen gehörten die Nelken. ›Dios anthos‹, Zeusblume, benannten sie die Alten, womit nicht nur Schönheit, sondern auch der Wohlgeruch dieser Pflanzen angesprochen wurde. Von den 120 in Europa vorkommenden wilden Nelkenarten sind 65 in Griechenland heimisch und 20 davon endemisch. Eine der hübschesten Arten ist die strauchartige kretische Nelke *(Dianthus arboreus)*, in der die Archäologen das Vorbild zu den Wandmalereien im Palast von Knossos zu erkennen glauben. Der Name »Zeusblume« paßt auch ausgezeichnet zu Kreta als Geburtsstätte des Göttervaters. Theophrast (6.2.) spricht in seinem Abschnitt über die Kranzgewächse auch von einer geruchlosen Zeusblume. Es gibt tatsächlich eine ganze Anzahl von geruchlosen Nelken. Zu diesen gehört die seltene langhaarige Nelke *(Dianthus crinitus)*. Diese ursprünglich aus Armenien und Persien beschriebene Art mit der hübschen gefiederten Blüte von zartrosa Farbe ist auf die Insel Rhodos beschränkt und gehört zur asiatischen Flora.

Kranzlychnis – ›lychnis stefanomatiki‹ – oder ›taureion‹, zum Stier gehörig, nannte Dioskurides (3.104) die Lichtnelke *(Lychnis coronaria)*, vielleicht weil damit die Opfertiere bekränzt wurden.

136, 137

135

138

139

147

148

149

150

151

Einige ansprechende Glockenblumenarten, die den Alten zur Zierde gedient
haben mögen:

147   *Campanula hawkinsiana.*
148   *Campanula spatulata.*
149   *Campanula versicolor.*
150   *Campanula rupestris.*
151   *Clematis cirrhosa,* die immergrüne
Waldrebe, war eine beliebte Kranzblume.
152   Eine besonders reichblühende Art
der Strohblume, *Helichrysum orientale,*
ein vielverwendetes Kranzgewächs der
Alten.
153   Der wohlriechende Günsel *(Ajuga
chamaepitys)* war als Festschmuck an Gelagen beliebt.
154   *Ptilostemon chamaepeuce,* die
zwergfichtenartige Kratzdistel.
155   *Ajuga orientalis,* eine weitere Gün-
selart.

82

52

153

54

155

Theokrit (7.64) spricht von Kränzen aus weißen Levkojen, die jedoch nicht identifiziert werden konnten, da die Griechen unter dem Namen ›lefkoion‹ verschiedene Pflanzen verstanden. Eine dieser »Levkojen« galt als die Blume der von Zeus geliebten schönen Io, die von der eifersüchtigen Hera in eine Kuh verwandelt worden war. Die auf feuchten Wiesen und an Wassergräben wachsende Knotenblume
140 *(Leucojum aestivum)* ist möglicherweise die Levkoje, die Gaia zur Ernährung der verwandelten Io sprießen ließ.

Als Levkoje der Alten kann auch das Schneeglöckchen *(Galanthus*
142 *nivalis subsp. reginae olgae)* gedeutet werden, denn dieses liefert im Herbst die ersten für Brautkränze geeigneten Blumen. Dieser Schneeglöckchenart begegnen wir ab Oktober in den höheren Lagen des peloponnesischen Taygetos.

›Ornithogalon‹, Vogelmilch, nannten schon die alten Griechen
141, 144 den Milchstern *(Ornithogalum sp.)* in Anlehnung an die reinweiße Farbe dieser Lilienblüte, denn Vogelmilch bedeutete bei den Griechen etwas Reines, etwas besonders Wertvolles oder Ausgefallenes. Neben der Verwendung der Zwiebel als Nahrungsmittel könnten wir uns deshalb vorstellen, daß die schöne Blüte wie andere Liliengewächse in Brautkränze geflochten wurde.

143 Unter der wilden Gladiole *(Gladiolus italicus)* dürfen wir uns vielleicht die Hyazinthe der Alten vorstellen, die aus dem Blut des von Apollo versehentlich getöteten Hyakinthos trieb und auf ihren Sepalen die Klagelaute des verzweifelten Gottes trug. Möglicherweise handelt es sich aber auch um das »kosmosandalon« der Alten, mit dem die Knaben zum Fest der Demeter geschmückt waren. Zum Zeichen der Trauer Demeters über die Entführung Persephones war die Blume auch hier mit einem Klagezeichen versehen. Solche Klagezeichen waren die Buchstaben »VV« oder »AA«, mit denen die wilde Gladiole tatsächlich gezeichnet ist. Auch Theokrit (10.27) spricht von einer Hyazinthe mit gezeichneten Blättern, die unter den Kranzblumen an erster Stelle steht.

162 Die Wucherblume *(Chrysanthemum coronarium)* wurde wegen ihrer schönen goldgelben Blüte von den Alten ›Dios ofrya‹, Zeusbrauen, genannt. Die Pflanze sollte vor feindseligen dämonischen Einflüssen und Behexungen schützen. Vielleicht handelt es sich auch um die ›chalkanthos‹, Kupferblume, des Nikander, eine der Zauberpflanzen der Medea. Als Kranzblume sehr geschätzt, wurden damit Heiligtümer und Götterbilder geschmückt. Wie die Pflanze noch

heute auf Schutt und Ruinen anzutreffen ist, so beschrieb sie bereits Dioskurides (3.146) als auf Feldern und in Stadtnähe wachsend. Er fertigt daraus eine Salbe zur Auflösung von Fettgeschwülsten. Die Stengel sind bei ihm ein beliebtes Gemüse; tatsächlich wurden noch zu Anfang des 19. Jahrhunderts die jungen Triebe in Athen gegessen.

Zu den Zierblumen der Alten möchten wir auch die Glockenblumen zählen, obwohl diese in den alten Schriften nicht mit Sicherheit nachgewiesen werden können. Da in Griechenland über vierzig Glockenblumenarten vorkommen, ist anzunehmen, daß schon die Alten die an langen Stielen oder rankenartigen Zweigen wachsenden meist blauen, sehr dekorativen Blüten als Schmuck- und Kranzgewächse verwendeten. Das im alten Ägypten und in der minoischen Kunst wiederholt vorkommende Glockenmotiv ist vielleicht wie dasjenige der Lilie der Natur entlehnt. 147, 148 149, 150

Die Schlingpflanzen waren naturgemäß als Kranzblumen besonders beliebt. Die als erster Vorfrühlingsbote bereits im Januar blühende immergrüne Waldrebe *(Clematis cirrhosa)* mit ihren glockenförmigen grünlichen oder blaß zitronengelben Blüten gehört mit Weinrebe, Efeu und Stechwinde zu den heiligen Kräutern des Dionysos und wurde bei den bacchischen Prozessionen getragen. Smilax, die Stechwinde, ist durch Verwandlung der Nymphe Smilax entstanden. Diese war einst in den Jüngling Krokos sterblich verliebt, doch da die Liebe hoffnungslos war, wurde die Nymphe von den Göttern in eine Schlingpflanze verwandelt. Plinius zählt deshalb die Stechwinde zu den Trauergewächsen. 151

Dionysos und sein Gefolge, Mänaden, Satyrn und Silenen, schmückten sich mit Efeukränzen. Der Thyrsosstab, das Attribut des Dionysos, war ebenfalls mit Efeu bekränzt. In gewissen Kulten hatte Dionysos auch den Beinamen ›kissos‹ (Efeu), weil er, als Säugling mit Efeu bekränzt, von den Waldnymphen aufgezogen worden war. Eine der schönsten Darstellungen dionysischer Rankenornamente trägt der vergoldete Bronzekrater von Derveni mit seinen zwischen den kunstvollen Relieffiguren angebrachten silbernen Efeu- und Weinranken. 163 167

Auch der spitzblättrige Spargel *(Asparagus acutifolius)* gehörte zu den heiligen Kranzgewächsen und war der Aphrodite geweiht. Der Ruhm des wilden Spargels ist in der Sage begründet: Perigune, Tochter des Wegelagerers Sinis, versteckte sich am Isthmos von Korinth hinter einem Spargelbusch, als Theseus sie zur Frau begehrte, 158

85

156

157

156 *Filipendula ulmaria,* der Mädesüß.
157 Mit Rosmarin *(Rosmarinus officinalis)* bekränzten die Alten die Götterbilder.
158 *Asparagus acutifolius,* der wilde Spargel.
159 Eine weiße Thymianart *(Thymus sp.).*

160 *Thymus chaubardii,* eine reich blühende Thymianart.
161 Der Storaxbaum *(Styrax officinalis).*
162 *Chrysanthemum coronarium,* eine bei den Alten beliebte Kranzblume.
163 Blühender Efeu *(Hedera helix).*

158

159

160

161

162

163

nachdem er ihren Vater besiegt hatte. Mit den dornigen Spargelzweigen bekränzten die Böotier ihrerseits bei Hochzeiten ihre Bräute, was auf verschiedene Art gedeutet werden kann, vielleicht auch dadurch, daß bittere Spargeln durch Kultur süß werden... Bei Dioskurides und Theophrast ist der spitzblättrige Spargel, dessen junge Sprossen noch heute als Salat gegessen werden, eine beliebte Gemüsepflanze.

154 *Ptilostemon chamaepeuce,* die zwergfichtenartige Kratzdistel, ist möglicherweise die Zwergfichte des Dioskurides (4.125), die er fein gestoßen gegen Hüftschmerzen verschreibt. Die hübsche Sommerblüte dieses an felsigen Stellen vorkommenden endemischen Strauches mit den nadelartigen Blättern verleitet geradezu zur Verwendung in Kränzen und diente vielleicht im Altertum zusammen mit anderen Blumen zur Bekränzung von Götterbildern.

152 Zu den traditionellen Kranzblumen Theophrasts gehört die Strohblume *(Helichrysum sp.),* die er Goldblume nennt und ihr eine wohltuende Wirkung auf die Seele zuschreibt. Athenaeus (15.681) berichtet, daß Themistagoras von Ephesus in seinem »Goldenen Buch« den Namen dieses Gewächses von der Nymphe Helichryse ableite, die die Blume erstmals gepflückt haben soll. Theokrit läßt sich ebenfalls von der goldgelben Farbe dieser Kranzblume beeindrucken und Dioskurides bekränzt die schönsten Götterbilder damit. Plinius weiß schließlich zu berichten, daß auch der ägyptische König Ptolemäus die Götterbilder mit besonders sorgfältig geflochtenen Kränzen aus Helichrysum schmückte.

153 Wegen seines aromatischen, an Kiefernharz erinnernden Wohlgeruches war der Günsel *(Ajuga chamaepitys)* als Festschmuck an Symposien und Gelagen beliebt. Die auf unbebauten Kalkböden, auf Äckern und an Wegrändern vorkommende Pflanze mit ihren leuchtend gelben Blütenkronen ist von Dioskurides (3.165) sehr treffend beschrieben worden. Die Pflanze dient ihm zur Zubereitung eines mit Harzaroma gewürzten Weines, der bei Wassersucht, Leberleiden und Ermattung helfen soll.

156 Der Verwendung der krautartigen Pflanzen als Kranzblumen widmet Theophrast (6.6.) ein ganzes Kapitel. Zu solchen Gewächsen zählt er auch sein ›oenanthos‹, das als unser Mädesüß *(Filipendula ulmaria)* identifiziert wurde. Solche auf Bergwiesen heimischen Kräuter, die sich entweder durch eine lange Blütezeit oder durch einen besonderen Wohlgeruch auszeichnen, wurden auch gerne ins Flach-

land verpflanzt, um sie bei Bedarf für kultische Handlungen oder Feste rasch zur Verfügung zu haben. So wurden auch Bergminze und Thymianarten in den Gärten gezogen, um sie als Kranzblumen zu verwenden. 159, 160

Zum Dank für empfangene Wohltaten oder um zürnende Götter zu versöhnen wurden vielfach neben den Schlachtopfern auf den Altären auch allerlei wohlriechende Kräuter verbrannt. An die Stelle des eigentlichen Weihrauchs, der aus Arabien importiert werden mußte, trat vielfach der einheimische Rosmarin *(Rosmarinus officinalis)*, ein Geschenk Aphrodites an die Menschen. Mit Rosmarin wurden auch die Bilder der Götter bekränzt. 157

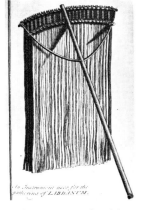

164   Lederrechen, wie er im Mittelalter zum Einsammeln des Labdanumharzes verwendet wurde. Nach einer Zeichnung des französischen Naturforschers Joseph-Pitton de Tournefort in dessen Buch über seine »Reise in die Levante« im Jahr 1700.

Aus Arabien stammte auch das Labdanum, jenes Harz der Zistrose, das seines Wohlgeruches wegen noch heute in der Parfümerie verwendet wird. Die Alten verwendeten das kostbare Harz zum Räuchern oder zur Herstellung von Salben und Tinkturen. Man unterschied zwischen verschiedenen Qualitäten, wovon die beste aus Zypern kommen sollte. Herodot (3.112) wunderte sich über die Art der Gewinnung des Harzes in Arabien, denn es habe den schönsten Geruch und stamme doch aus dem übelriechendsten Ort, nämlich vom Bart der Ziegenböcke. Tatsächlich gibt uns Dioskurides (1.128) eine genaue Beschreibung der Ernte des Labdanumharzes, das im Sommer von den Blättern gewisser Zistrosenarten abgesondert wird. Die klebrige Flüssigkeit wird auf der Weide von den Ziegen an Bärten und Schenkeln abgestreift, wo man es abnimmt und in Stengelchen knetet. Im Mittelalter geschah in Kreta das Einsammeln des Harzes von der kretischen Zistrose *(Cistus creticus)* in der Weise, daß 165

165

165 *Cistus creticus,* die kretische Zistrose.

166 Der Zistrosenwürger *(Cytinus hypocistis).*

167 Der 1 m hohe und 40 kg schwere, vergoldete Bronzekrater von Derveni, der als Urne diente und mit der Asche eines Kriegers gefunden wurde. Nebst den Relieffiguren, die einem dionysischen Thema angehören, ist dieses Kunstwerk sorgfältig mit aus Silber gearbeiteten Wein- und Efeublättern verziert, die die Gleichmäßigkeit des Goldes unterbrechen. Frühmakedonisch, wahrscheinlich 2. Hälfte 4. Jahrhundert v. Chr. Archäologisches Museum, Thessaloniki.

166

164 die Mönche mit einem rechenartigen Instrument, an dem Lederstreifen befestigt waren, über die Pflanzen strichen, so daß sich das Harz an den Bändern festsetzte und abgenommen werden konnte. Dies mußte in glühender Mittagshitze geschehen, weil dann das Harz wie kristallklarer Tau von den Blättern der Zistrose ausgeschwitzt wird.

Mit der Zistrose war den Alten auch der Zistrosenwürger *(Cytinus*
166 *hypocistis)* bekannt, der als Schmarotzer auf den Wurzeln der Zistrose wächst und mit seinen schuppenbesetzten fleischigen Stengeln die Ärzte des Altertums zur medizinischen Verwendung dieses seltsamen Gewächses anregte. So verschrieb Dioskurides (1.127) den Saft gegen Magenleiden und die Hippokratiker verwendeten den *Cytinus* im Wochenbett.

Zum Räuchern diente den Alten auch der ›styrax‹, das wohlrie-
161 chende Harz des Storaxbaumes *(Styrax officinalis)* mit den unterseits weißfilzigen Blättern und den quittenähnlichen Blüten. Herodot (3.107) sah die wohlriechenden Harzklümpchen dieses Baumes in Arabien, wo sie verbrannt wurden, »um die geflügelten Schlangen aus den Bäumen zu vertreiben«. Es kann sich dabei um nichts anderes gehandelt haben als um Heuschrecken. In Griechenland wurde das Harz neben der Verwendung für kultische Zwecke als Husten- und Asthmamittel verwendet (Diokurides 1.79). In der Mythologie soll der Storaxbaum aus Kreta stammen und auf griechischem Boden erstmals bei Aliartos am Kopaïs-See gewachsen sein, als der für seine Gerechtigkeit bekannte kretische Held Rhadamanthys nach der Flucht vor seinem neidischen Bruder Minos dort seine letzte Ruhestätte fand.

HEIL- UND ZAUBERKRÄUTER

Die Kenntnis der Heilkräfte der Natur verliert sich im grauen Altertum. Zufall oder natürlicher Trieb führten zur Auffindung von Heilkräutern, deren Verwendung dem Menschen Linderung brachte oder bestimmte Wirkungen hervorrief. Die wirksamen Stoffe der Pflanzen und deren pharmakologische Eigenschaften waren jedoch in der frühen Antike vorerst nicht bekannt. Vielmehr suchten die Menschen von damals Heilung in der Mystik und Magie, die freilich mit einer guten Naturbeobachtung, reichlicher praktischer Erfahrung und einer intuitiven Ahnung von den wirklich vorhandenen Kräften der Pflanzen einhergingen.

Mystik und Magie gingen von den Tempeln des Asklepios und anderer Heilgötter aus, ehe die Asklepiaden zu Kos ihre Tempel verließen und mit ihrem großen Lehrer der populären Heilkunde, Hippokrates, die koische Schule gründeten. War es in früheren Zeiten vor allem die Wundbehandlung gewesen, bei der die Heilkräfte der Pflanzen eingesetzt wurden, so ist es das Verdienst Hippokrates', erstmals die nichttraumatischen Krankheiten vom göttlichen Schicksal losgelöst, deren wirkliche Ursachen erforscht und diesen durch eine sorgfältig durchdachte medikamentöse Therapie entgegengewirkt zu haben.

Die klassische Heilpflanzenlehre begann freilich erst mit Theophrast und erreichte ihren Höhepunkt mit Dioskurides, dessen erstaunliche Kenntnis der Heilkraft der Pflanzen in der Tatsache gipfelt, daß er über 500 Kräuter gegen die Erkrankungen des menschlichen Körpers gezielt einsetzt. In seiner Arzneimittellehre ahnt man bereits die Einteilung der Pflanzen nach deren wirksamen Stoffen und ihren medizinischen Eigenschaften. Die Zahl der von Dioskurides erwähnten verschiedenartigen Erkrankungen des menschlichen Körpers übersteigt die fünfzig, von einfachen Kopfschmerzen über Gelbsucht und Milzentzündungen bis zu Nierensteinen und Darmgeschwüren, und gegen jede dieser Krankheiten hat er ein geeignetes Mittel. Allein 65 Heilkräuter sind hustenlindernd, unzählige sind wirksam bei Frauenkrankheiten, zur Wundbehandlung und als Gegengift bei Schlangenbissen. Die beachtenswerte Leistung Dioskurides' geht auch aus der Tatsache hervor, daß er schon zu seiner Zeit von den 6000 Pflanzenarten im griechischen Raum über 500 kannte und gezielt einsetzte, also mehr als 8 Prozent, während heute welt-

168

169

170

171   172

168   Die in Euböa in der subalpinen Zone vorkommende weiße Pfingstrose *Paeonia mascula hellenica.*   169   *Paeonia mascula* aus Samos.   170   *Paeonia peregrina* aus dem Evros-Gebiet.
171   Die rote Pfingstrose *Paeonia parnassica* aus dem Parnaß.

94

'3   174   175

176

172   Die roten Samenkörner der Pfingsrose verschrieb Dioskurides gegen Magenverletzungen und die schwarzen gegen Alpdrücken.

173   Blühende Lotwurz *(Onosma frutescens)*.

174   Das stark giftige Bilsenkraut *(Hyoscyamus albus)*.

175   Eine Schafgarbenart vom Olymp *(Achillea ageratifolia)*.

176   Die beste Nieswurz wuchs auf dem Berge Oeta, wo sich Herakles auf einem Scheiterhaufen verbrennen ließ, bevor er unter den Olympiern aufgenommen wurde. Auf dem Bild sind an dieser Stelle die Reste des Tempels zu erkennen, der von Herakles selbst erbaut wurde. Der Ort ist noch heute dicht mit Nieswurz bestanden.

177   Die Nieswurz *(Helleborus cyclophyllus)*.

177

95

178   Im Laufe der Jahrtausende haben die Menschen immer wieder die Heilkraft
der Pflanzen genutzt. Ein Mönch bei der Salbeiernte im Klostergarten.

weit gesehen von den 600000 Pflanzenarten der Erde nur rund fünf
Prozent pharmakologisch untersucht sind.

Zu den bahnbrechenden Ärzten der späteren Antike gehört Claudius Galenus, geboren im Jahre 131 n. Chr. zu Pergamon in Kleinasien. Er studierte die Philosophie des Aristoteles und des Theo-phrast, wandte sich dann der Medizin zu und ging zu diesem Zwecke nach Smyrna, Korinth und Alexandrien. Das Bestreben Galens war es, die medizinischen Grundsätze des Hippokrates um die bei den Alexandrinern in Anatomie und Physiologie gemachten Fortschritte zu bereichern. In den Arzneimitteln sieht Galen wichtige Hilfsmittel für die Heilkunde. Er zählt in seinen Schriften 304 einfache Mittel aus dem Pflanzenreich auf, ferner 155 weitere Substanzen aus dem Reich der Natur. Dieser Arzneischatz ist durch eine Menge von teils recht komplizierten Arzneimischungen bereichert, die auf die ver-schiedensten Krankheiten abgestimmt sind. Diese zusammengesetz-ten Pharmaka des Galen sind die Vorstufe zu den modernen Arznei-mitteln, die denn auch als galenisch bezeichnet werden.

Von Homer bis Hippokrates

In der frühesten Zeit war die Kenntnis und die Pflege der Heilkunde ein Attribut der Götter. Dem jüngsten der griechischen Götter, As-klepios, Sohn des Apollo, wurden an besonders anmutig gelegenen Orten, an Flüssen, Quellen und in schattenspendenden Hainen eigens zu diesem Zwecke eingerichtete Heiligtümer gewidmet, wo die Hilfesuchenden in Opfern und Gebeten von ihren Leiden Gesun-dung suchten. Die Inkubationen durch die Erscheinung von göttli-chen Offenbarungen konnten in Stellvertretung der Patienten auch von dritten Personen ausgeführt werden. Wie zu allen Zeiten an Wallfahrtsorten kamen auch in den Asklepios-Heiligtümern Wun-derheilungen zustande. Aus den überlieferten sieben Krankenge-schichten aus Epidaurus aus der 2. Hälfte des 4. Jahrhunderts v. Chr. erfahren wir, daß solche Heilungen tatsächlich stattfanden, wie die Heilung der einäugigen Ambrosia von Athen, die nach Aufschlitzen ihres kranken Auges und Einträufeln eines Heilmittels wieder sehen konnte, oder des sich seiner Glatze schämenden Heraius aus Mytile-ne, dem der Gott den Kopf einsalbte und ihm über Nacht die Haare wieder wachsen ließ.

Das Wahrzeichen des Asklepios war der Schlangenstab, denn die Schlange ist ein uraltes Symbol der Heilkunde, weil sie als erdverbun-denes Tier zwischen oben und unten, zwischen Tag und Nacht, oder zwischen Leben und Tod ihr Dasein fristet. Asklepios wurde auf dem waldreichen thessalischen Pilion geboren und wuchs dort unter der

179   Blüte der sagenumwobenen Alraune *(Mandragora officinalis).*
180   Frucht der Alraune.
181   *Veratrum album,* der in Mitteleuropa auf Grund ähnlicher Blattformen oft mit dem gelben Enzian verwechselte giftige weiße Germer.
182   Blühende Tollkirsche *(Atropa belladonna)* mit noch grünen Früchten.

183 *Colchicum boissieri*, eine seltene, in Griechenland endemische Herbstzeitlosenart.
184 *Colchicum bivonae*, eine der prächtigen großblumigen Herbstzeitlosen.
185 *Colchicum cupanii*, eine zierliche Herbstzeitlosenart.
186 *Colchicum lingulatum*.

Obhut des weisen Kentauren Chiron auf, der ihn in der Heilkunde unterwies. Dort lernte er die Kräfte der Wurzeln und die lindernden Säfte der Kräuter kennen, die ihn zum helfenden Arzt machten. Aber auf dem Höhepunkt seiner Kunst angelangt versuchte er die menschlichen Schranken zu durchbrechen und Gestorbene wiederzuerwekken. Deshalb zog er sich den Zorn Hades' zu, der die Entvölkerung seines Schattenreichs fürchtete, und Asklepios, der des Todes Rechte an sich reißen wollte, mit dem Donnerkeil zerschmetterte.

Neben der rein mystischen Medizin entwickelte sich schon sehr früh unter den Göttern und Helden auch eine eigentliche Heilkunde. Diese basierte einerseits auf den tatsächlichen Heilkräften der Pflanzen; man glaubte aber auch, daß die Heilkräuter als Geschenk der Götter durch die Form ihrer Blätter oder Wurzeln ihre Indikation für die Heilung der betreffenden Organe des Menschen offenbaren, wie beispielsweise eine Pflanze mit herzförmigen Blättern zur Heilung von Herzkrankheiten gut sein sollte.

Einer der ältesten Heilgötter, Paeon, ist schon auf einer Linear-B-Tafel aus Knossos erwähnt. Er ist es, der Hades und Ares auf dem Olymp mit »linderndem Balsam« heilte, als diese im Kampf um Troja verwundet wurden. Den Namen Paeons, *Paeonia,* führte die Pfingstrose schon bei den alten Griechen. Über die blutstillende Wirkung der Päonie finden wir bei Homer (I1. 5.902) ein hübsches dichterisches Gleichnis:

> *Schnell wie die weiße Milch*
> *vom Feigenlab sich eindickt*
> *gerann das Blut in der Wunde des Ares*
> *unter der Wirkung Paeons Kräuter.*

168, 169
170, 171 In einem alten griechischen Lehrgedicht gilt die Pfingstrose als Königin der Kräuter, welchen Namen sie dank der Pracht ihrer Blüte und der in ihr schlummernden Heilkräfte auch wirklich verdient. Nach diesem Gedicht sollen die Götter Apollo als Heilgott, für dessen Abstraktion der Götterarzt Paeon galt, die Pfingstrose übergeben haben, worauf sie dieser seinem Sohn Asklepios als Mittel gegen alle körperlichen Leiden weitergab. Wir treffen die Pfingstrose auch in Hekates Zaubergarten an, was auf Zauberkräfte der Pflanze schließen läßt. Die mythologische Gestalt der Hekate war ihrer Kräuterkenntnisse wegen besonders berühmt. Sie unterhielt im Lande Kolchis am Schwarzen Meer einen von hohen Mauern umgebenen Garten, wo sie zusammen mit ihrer Tochter Medea ihre giftigen Ge-

187   Weihrelief an Asklepios aus dem Asklepios-Heiligtum in Piräus. Der Gott behandelt die Patientin, hinter ihm steht die Göttin der Gesundheit, Hygeia. Links sind die Familienangehörigen der Kranken dargestellt. Museum Piräus, um 400 v. Chr.

wächse und Zauberkräuter zog, denen wir immer wieder in den homerischen Epen begegnen.

Eine sehr treffende Beschreibung der Pfingsrose mit ihren handförmigen Blättern und den mandelförmigen Früchten mit Granaten ähnlichen Körnern, fünf oder sechs schwarze in der Mitte und die anderen purpurrot, besitzen wir auch von Dioskurides (3.147). Er verschrieb 10 bis 12 rote Körner in Wein gegen Magenverletzungen, während er die schwarzen gegen Alpdrücken empfahl. Die getrocknete Wurzel gab er als Geburtshilfsmittel, gegen Magenschmerzen, Gelbsucht, Nieren- und Blasenleiden. Plinius (25.4) kannte die Päonie von schattenreichen Gebirgen her, wo sie noch heute ihren Standort hat, und schreibt ihr ähnliche Heilwirkungen zu wie Dioskurides. Auch ihn irritierte die verschiedenartige Farbe der Beeren. Er verschrieb die roten Samen als blutstillendes Mittel und die schwarzen gegen Frauenkrankheiten. Theophrast (9.8.6) zählte die Pfingstrose zu den Heilpflanzen, bei deren Einsammeln gewisse Regeln zu beachten seien. Beim Ausgraben der Wurzel bestehe stets die Gefahr eines Leistenbruchs, was wohl auf die große Tiefe hindeutet, in der die Rhizome dieser Pflanze zu suchen sind.

Den Frauen stand die Natur- und Fruchtbarkeitsgöttin Artemis, Zwillingsschwester Apollos, bei. Sie verwendete eine ganze Reihe

188

188 *Teucrium polium,* das Marienkraut, hatte im Altertum als
Heilkraut einen universellen Ein-
satzbereich.
189 Das Zwölfgötterkraut der Alten, unsere Schlüsselblume *(Primula
elatior).*

189

190   191   192

190 Die Meerzwiebeln *(Urginea maritima)* treiben im Herbst aus der noch trok-
kenen Erde ihre langen Blütenähren.
191 Nahaufnahme der Meerzwiebelblüte.
192 Die Knolle der Meerzwiebel galt im Altertum als Universalmittel gegen
böse Geister und wird noch heute als Amulett über der Haustüre aufgehängt.
193 *Lysimachia atropurpurea,* der Felberich, diente den Alten als blutstillendes
Mittel.
194 *Lysimachia punctata,* der gelbe Felberich, kommt nur in Nordgriechenland
vor.

3

194

95

196

197

195   Das Johanniskraut, *Hypericum empetrifolium,* ein beliebtes Wund-heilmittel der Alten.
196   Das olympische Johanniskraut, *Hypericum olympicum,* ev. das chironische ›panakes‹ des Dioskurides.
197   Die orientalische Wiesenraute *(Thalictrum orientale).*

von Kräutern, die heute noch in der Frauenheilkunde gebraucht werden. Es fehlten sogar nicht die Rezepte zur Einleitung von Fehlgeburten. Dioskurides (3.137) will wissen, daß eine Schwan-
173 gere, wenn sie über eine Lotwurz *(Onosma frutescens)* hinwegschreitet, eine Fehlgeburt erleide. Auch Aphrodite, Göttin der Schönheit und der Liebe, galt als Helferin bei Geburten.

Eine Tochter aus der Ehe des Zeus und der Hera ist ebenfalls mit der Heilkunde verbunden. Es ist dies die Geburtsgöttin Eileithyia, die mittels Kräutern die Geburtswehen der Frauen hemmen oder beschleunigen konnte. Auch die dem Haupt des Zeus entsprungene Athene vollbrachte Heilwirkungen. Sie heilte Lykourgos aus Sparta sein krankes Auge und seither galt sie als Beschützerin des Augenlichts und hieß die Eulenäugige. Apollo galt bei Homer als Schmerzensstiller. Selbst Hades, Gott der Unterwelt, seine Gattin Persephone sowie Dionysos, Gott des Weines, wurden in einzelnen Heiligtümern als Heilgötter verehrt. Ihre Heilmittel waren jedoch wohl in erster Linie Traumorakel.

Halbgötter und Heroen hatten ebenfalls Heilqualitäten. Herakles galt als Spender und Beschützer der Heilquellen. Ihm wird auch die
174 Entdeckung des halluzinogenen Bilsenkrautes *(Hyoscyamus albus)* zugeschrieben. Die Hippokratiker gaben den Samen mit Wein bei Fieber, Tetanus oder Frauenkrankheiten, wenn zum Beispiel nach einer Geburt Lähmungen auftraten. Dioskurides (4.69) bezeichnet das schlafmachende, Wahnsinn bewirkende Mittel als untauglich und verwendet den Saft lediglich zur Linderung von Schmerzen.

>Achillea< hieß im Altertum die Pflanze des Achilles, mit der er den verwundeten Telephos geheilt haben soll. Sie wurde als Schafgarbe identifiziert. Unter den 24 Schafgarben in Griechenland fällt die ab-
175 gebildete Art *Achillea ageratifolia* mit den behaarten, lanzettförmigen, grauen Blättern vom Olymp durch besondere Schönheit auf.

Die Dioskuren Kastor und Polydeukes waren die ritterlichen Helfer der Menschen auf Schlachtfeldern und auf hoher See, wo sie von den Heilkräften der Natur reichlich Gebrauch machten. Sie leben fort in den Schutzheiligen der Ärzte und Apotheker, Kosmas und Damian, deren Verehrung bis in die frühchristliche Zeit zurückgeht und die heidnischen Kulte gewissermaßen ablöste.

Der Seher Melampus war als Priester des Apollo dazu bestimmt, bei den Frauen die Auswüchse des Dionysoskultes einzudämmen. Er verabreichte hierzu Milch von Ziegen, die Nieswurz *(Helleborus cy-*

198 Achilles verbindet die Wunden seines Freundes Patroklos. Der Patient blickt gequält zur Seite. Attische Schale um 500 v. Chr., Berlin.

clophyllus) gefressen hatten, was augenblicklich ernüchternd wirkte. 177 Mit Nieswurz vergifteten die Verbände der delphischen Amphiktyonia das Wasser des Pleistos und bezwangen damit nach zehnjähriger Belagerung die phokische Stadt Krissa, die mit Delphi um die Gunst Apollos wetteiferte.

Die beste Nieswurz wuchs auf dem Berge Oeta, wo Herakles sei- 176 nen Scheiterhaufen errichten ließ, um den brennenden Schmerzen zu entgehen, die ihm sein mit dem Blut des Kentauren Nessos vergiftetes Gewand zufügte. Als Philoktetes dem sterbenden Herakles den Scheiterhaufen angezündet hatte, erhielt er von diesem den berühmten Bogen mit den tödlichen Giftpfeilen, um damit am Feldzug der Griechen gegen Troja teilzunehmen. Unterwegs wird jedoch Philoktetes von einer Giftschlange gebissen. Die offene Wunde verbreitete einen derart üblen Geruch, daß die Griechen den Helden auf der Insel Lemnos aussetzten und seinem Schicksal überlassen wollten. Es war ihnen jedoch geweissagt worden, daß Troja ohne den berühmten Bogen des Herakles nicht eingenommen werden könne. Sie entschlossen sich darauf, Philoktetes zusammen mit seinem Bogen doch nach Troja mitzunehmen und ihn dort dem Arzt Machaon zur Heilung zu übergeben. Dieser legte eine Pflanze in die gereinigte Wunde, die Philoktetes in einen tiefen Schlaf versinken ließ.

199   200   201

202   203   204

199   *Pyracantha coccinea*, der Feuerdorn, ist meist als Gartenpflanze bekannt, wächst aber in Griechenland auch wild.

200   Das Glaskraut *(Parietaria judaica)*, mit dem Perikles einen seiner am Bau des Parthenon beteiligten Sklaven heilte.

201   Der gefleckte Aron *(Arum maculatum)* diente Dioskurides (2.197) als Wundumschlag.

202   Die Zaunrübe *(Bryonia dioica)* nannte Dioskurides wegen ihrer Giftigkeit Schlangentraube.

203   Blüte der Zaunrübe.

204   Der gemeine Kappenaron *(Arisarum vulgare)* diente Dioskurides bei offenen Geschwüren.

205   Mit Zweigen vom Seidelbast *(Daphne gnidium)* war das Kultbild der Aphrodite von Knidos bekränzt.

206   *Daphne oleoides*, der olivenblattförmige Seidelbast, ist von Theophrast genau beschrieben worden.

207   *Origanum dictamnus*, der viel besungene endemische Diktamus aus Kreta.

205
207

206
208

208 *Digitalis laevigata,* eine der in Griechenland vorkommenden Fingerhut-
arten.

Damit war die Kunst der Anästhesie erfunden. Zur Zeit Plinius'
wurde als Anästhetikum bei Operationen die Alraunenwurzel
(Mandragora officinalis) gebraucht. Die Patienten kauten ein Stück
Wurzel und schliefen dann ein. Dioskurides (4.76) verwendete den
Saft der Alraunenwurzel ebenfalls, um Unempfindlichkeit beim
Schneiden und Brennen hervorzurufen. Solche Rezepte hatten allerdings auch ihre Tücken, denn es fehlten genaue Angaben über die
richtigen Dosierungen. Die Wirkung konnte unzulänglich oder zu
stark sein und damit gefährlich werden. Sicherer fanden es die Alten,
die Patienten bei Operationen durch Gehilfen festhalten zu lassen
oder anzubinden. Die Chirurgen brauchten dabei gute Nerven. Daran änderte sich nichts, bis 1846 die Äthernarkose eingeführt wurde.
Die Gesellschaft der griechischen Anästhesisten hat trotzdem die Alraune immer noch zum Emblem. Inwieweit die betäubenden Eigenschaften oder die menschlichen Beinen ähnliche Wurzel der Alraune
zum großen, Jahrhunderte überdauernden Ansehen der Pflanze geführt haben, ist heute schwer nachzuweisen.

Machaon und Podalirius waren die Söhne des Asklepios und hatten dessen Kunst erlernt. Besonders Machaon ist der von Homer (Il.
4.194) gepriesene, unvergleichliche Wundarzt. Sie waren im homerischen Griechenheer vor Troja in erster Linie Kämpfer und Heerfüh-
rer, übten aber nebenher ihre medizinische Tätigkeit aus und behan-
delten die Verletzungen ihrer Standesgenossen. Eine der dramatisch-
sten Stellen in der Ilias (4.217) ist die Kunde vom verwundeten und
blutenden Menelaos, als der Heeresarzt Machaon ihm Hilfe brachte:

Als er die Stelle beseh'n,
Wo der spitzige Pfeil ihn verwundet,
sog er das Blut und legte mit kundiger Hand
ihm die milden Kräuter darauf,
die Chiron als Freund seines Vaters ihm gegeben.

Nicht weniger ergreifend ist die Stelle vom verwundeten Patroklos,
der von seinem Freund Achilles behandelt wird (Il. 11.844):

Bettet ihn und schnitt mit dem Messer
den scharfen, stechenden Pfeil aus dem Schenkel
und spülte davon mit erwärmtem Wasser das schwärzliche Blut,
zerrieb die bittere Wurzel,
legte sie auf, die schmerzstillende,
welche die Schmerzen alle bezwang,
da versiegte das Blut und vernarbte die Wunde.

209

210

211

213

209 Holunderbeeren *(Sambucus ebulus)* waren im Altertum ein bewährtes Heilmittel.
210 *Eryngium maritimum*, die blaugraue Stranddistel.
211 Der Rizinusbaum *(Ricinus communis)*.
212 Die Samen des Rizinusbaumes haben eine verblüffende Ähnlichkeit mit einer Hundezecke (rechts im Bild).
213 *Glaucium flavum*, der gelbe Hornmohn, der im Frühsommer die Meeresküsten ziert.

212

Vergebens bemühen wir uns um die Erklärung, welche Wurzel gemeint sei. Wir kennen aber von verschiedenen Pflanzen die blutstillende Wirkung, oder wenn die an Patroklos verwendete Wurzel diese Eigenschaft nicht besaß, so können wir uns auch eine am Feuer getrocknete und zu Pulver zerriebene Wurzel vorstellen, die auf die Wunde aufgestreut wurde um diese zu schließen, wie dies noch heute in der Volksmedizin durch Auflage von Zigarettentabak üblich ist.

Ebenso bleibt dem Botaniker verschwiegen, welches das berühmte Kraut Moly war, mit dem Odysseus dem Schicksal seiner von Kirke in Schweine verwandelten Gefährten entging:

Schwarz war die Wurzel,
milchweiß die Blüte,
moly wird's von den Göttern genannt ... (Od. 10.304)

Schon im Altertum war man sich darüber nicht im Klaren. Theophrast ließ das Kraut im arkadischen Kyllene-Gebirge wachsen, enthält sich aber jeglicher Beschreibung und erwähnt lediglich, es solle dem gleich sein, von dem Homer spricht. Drei Jahrhunderte später fügte Plinius bei, daß das Kraut Moly auch in Italien wachse und die Wurzel dreißig Fuß lang sei, eine offensichtliche Übertreibung, die wohl die mythischen Zauberkräfte des Moly »homerisch« verdeutlichen sollte. In den Kräuterbüchern des Mittelalters tauchte das magische Zauberkraut immer wieder auf, ja wurde sogar abgebildet, obwohl es nie ein menschliches Auge gesehen hatte. Alle Deutungsversuche, die in der geheimnisvollen Pflanze entweder eine Lauchart oder ein narkotisch wirkendes Nachtschattengewächs erkennen wollten, entbehren irgendwelcher Grundlage und man wird wohl gut tun, sich Moly als eine rein mythologische Erfindung vorzustellen, worauf schon der homerische Text hinweist, nämlich daß der Name des Krauts aus der Sprache der Götter stamme.

Homer überlieferte uns noch andere pflanzliche Zaubermittel, denen er keine Namen zu geben wußte. Aus Ägypten hatte Helena ein Vergessen machendes ›pharmakon‹ erhalten, mit dem sie Telemachos und dessen Gefährten den Kummer tilgte:

Kostet einer davon, nachdem im Krug es gemischt war,
nicht eine Träne benetzt ihm mehr das Antlitz,
und wären Vater und Mutter ihm gestorben ... (Od. 4.221)

Etliche Zaubermittel finden wir in den Händen von Frauen, wie der Medea, der klassischen Giftmischerin der griechischen Sage. Ihre

Kenntnisse hat sie aus ihrem Vaterlande Kolchis mitgebracht. Sie verjüngte Aison, Jasons Vater, indem sie ihn zerstückelte und die Glieder zusammen mit Zauberkräutern kochte. Mit Zauberkräutern schläferte sie den Drachen ein, der das Goldene Vlies bewachte. Eines dieser Zauberkräuter soll das kolchische ›ephemeron‹ gewesen sein, das in unserer alkaloidhaltigen Herbstzeitlose (*Colchicum sp.*) 183, 184 von der es in Griechenland 26 Arten gibt, weiterlebt. Die Herbstzeit- 185, 186 losen gehören zu den schönsten Erscheinungen der im Herbst nach der Trockenheit wiedererwachenden Natur. Dioskurides kannte sie als »wilde Zwiebeln«, schrieb ihnen aber keinerlei heilende Eigenschaften zu. Er erwähnte sie lediglich, wie er erklärt, damit man sie nicht unversehens als Küchenzwiebel esse, da sie äußerst giftig seien.

Den Herbstzeitlosen nahestehend ist der ebenfalls alkaloidhaltige weiße Germer *(Veratrum album)*, dessen wissenschaftlicher Name 181 auf Plinius zurückgeht. Trotz seinen pharmazeutischen Eigenschaften war der Germer bei den alten Griechen jedoch noch nicht in Gebrauch, denn er wächst nur auf den den Göttern vorbehaltenen alpinen Weiden Mittel- und Nordgriechenlands.

Aus dem Lande Kolchis stammt auch der Oleanderbusch und ist 27 als tödlich wirkende Pflanze für Hunde und Esel seit alters her bekannt. Noch heute verschließt man auf dem Land Mäuselöcher mit Oleanderblättern; wenn sich die Mäuse durchbeißen wollen, sterben sie. Für den Menschen aber sollen die Blätter mit Wein getrunken gegen den Biß giftiger Tiere nützlich sein (Dioskurides 4.82). Den modernen Reisenden erfreut der in Torrenten wildwachsende oder an Straßenböschungen angepflanzte von Mai bis Oktober blühende immergrüne Strauch durch seine Fülle rosaroter oder weißer Blüten.

Zu den Giftpflanzen der Alten gehört auch die Tollkirsche *(Atropa belladonna)*, ein an Wegrändern und in Waldlichtungen häufig anzu- 182 treffender bis zwei Meter hoher Strauch, der im Juni seine braunen Blüten entfaltet. Die toxischen Eigenschaften beschrieb Dioskurides (4.74) sehr treffend in der Weise, daß der Saft in der Menge von einer Drachme getrunken angenehme Phantasiegebilde erzeuge, daß diese bei zwei Drachmen vier Tage lang anhalten und bei vier Dachmen tödlich wirken. Auf die Gefährlichkeit der Pflanze weist auch deren auf das Mittelalter zurückgehende Name Tollkirsche hin. Der wissenschaftliche Gattungsname *Atropa* bedeutet etymologisch unerbittlich, von ›atropos‹, womit das Gift gemeint ist. Zehn bis zwölf Beeren sind für den Menschen schon tödlich. *Belladonna* heißt schö-

214   *Ephedra fragilis,* das zerbrechliche Meerträubchen, wird seit 5000 Jahren zur Behandlung von Erkrankungen der Atemwege eingesetzt.
215   Die Beere des zerbrechlichen Meerträubchens.
216   *Ruta chalepensis,* die Raute, eine noch heute eingesetzte Medizinalpflanze.

214

215

216

217

218

219

220

1 222 223

4 225 226

217 Mit Honig und Milch vermischt war der Andorn bei den Hippokratikern ein wirksames Mittel bei Krankheiten der Atemwege. Auf dem Bild die in Griechenland endemische Art *Marrubium velutinum.*

218 *Salvia pratensis,* der Salbei.

219 Der Lavendel *(Lavandula stoechas)* ist in der griechischen Macchie öfters anzutreffen.

220 Der Hundswürger *(Cionura erecta).*

221 Der Wasserdost, *Eupatorium cannabinum,* ist nach dem pontischen König Eupator benannt.

222 Der kleine Odermennig *(Agrimonia eupatoria)* ist wie der Wasserdost ein begehrtes Heilmittel bei Lebererkrankungen.

223 Der Steinsamen *(Lithodora zahnii)* ist benannt nach seinen perlenähnlichen Samen, die so hart sind wie Steine.

224 *Tordylium apulum,* der Zirmet, diente den Alten bei Nierenleiden.

225 Verwilderter Eibisch *(Alcea rosea)* in einem Dorfgarten.

226 *Globularia alypum,* die stahlblaue Kugelblume.

113

ne Frau, weil der Saft der Beere im Altertum zur Erweiterung der Pupillen und damit zur Verschönerung der Augen verwendet wurde. Den Wirkstoff Atropin macht sich heute noch die Augenheilkunde zunutze.

227 Die giftige Wirkung des Schierlings *(Conium maculatum)* beschreibt Platon in seiner Schilderung des nach athenischem Recht wegen seiner verächtlichen Haltung gegenüber den Göttern und seines zersetzenden Einflusses auf die Jugend zum Gifttode verurteilten Sokrates. Dioskurides (4.79) nennt das Kraut »schwächend«, »schmerzlindernd« oder auch »das Leben nehmend«, womit auf die schmerzstillenden und gleichzeitig giftigen Eigenschaften genügend hingewiesen ist. Plinius (25.151) fügt bei, daß der Schierling als übliches Strafmittel verhaßt sei, bei vielen Leuten aber unleugbaren Nutzen leiste.

188 Eine ruhmvolle Schilderung des universellen Einsatzbereiches des sonst unscheinbaren Marienkrautes *(Teucrium polium)* hat uns Plinius (21.19.84) hinterlassen. Mit ›polion‹ soll sich nach Musaios und Hesiod salben, wer nach Geltung und Ruhm strebe, ›polion‹ soll man anbauen und gegen Gifte zur Hand haben, gegen Schlangen sich unterlegen und immer bei sich tragen. Ärzte geben es Milzleidenden in Essig, Gelbsüchtigen in Wein. Bei den Frauen führe es die Nachgeburt ab und lindere allgemein die Leibesschmerzen. Es leere die Harnblase und wirke bei entzündeten Augen. Für den Magen soll es jedoch schädlich sein und Kopfschmerzen verursachen. Bezeichnenderweise weist auch der deutsche Name Marienkraut oder auf griechisch ›panagiochorto‹, Muttergottes-Kraut, auf die heilenden und beschützenden Eigenschaften dieser Pflanze hin. In der modernen Volksmedizin wird der Abguß von *Teucrium polium* bei Magengeschwüren eingenommen.

190, 191 Ähnliche beschützende Eigenschaften werden seit alters her auch der Meerzwiebel *(Urginea maritima)* zugeschrieben, die im Herbst ihre meterhohen Blütenschäfte in die Höhe treibt. Die Zwiebel wird
192 seit dem Altertum in ganz Griechenland als Amulett über der Haustüre aufgehängt und man glaubt, sich damit vor allen bösen Geistern schützen zu können. Sogar der Arzt Dioskurides (2.202) preist die über der Tür aufgehängte Meerzwiebel als Universalmittel an, und kein geringerer als der Mathematiker Pythagoras übte diesen Brauch. Damit sollte die Meerzwiebel, die mit ihrem kindskopfgroßen Bulbus die sommerliche Trockenheit überlebt und daraus nach

227 *Conium maculatum,* der Schierling, nach einer mittelalterlichen Darstellung.

den ersten Herbstregen ihre hohen Blütenähren treibt, die Kraft symbolisieren, die auf Haus, Hof und Menschen übertragen werden sollte. Bei den Hippokratikern gehörte die Meerzwiebel zu den ältesten Heilpflanzen und wurde gegen Gelbsucht, Krämpfe und Asthma eingesetzt.

Gegen alle Krankheiten wirkte schließlich das ›dodekatheon‹ der Alten, das Zwölfgötterkraut, das vielleicht mit unserer Schlüsselblume *(Primula elatior)* zu identifizieren ist. Nach anderen Quellen wäre 189 das ›dodekatheon‹ eine aus zwölf Ingredienzen hergestellte Medizin. Die Blumen werden bei Neumond von den Dryaden gepflückt und den Menschen u.a. gegen Melancholie verabreicht.

Der Arzneischatz der Ärzte

War bis dahin die Heilung von Krankheiten vor allem den Göttern und Zauberern überlassen, so entwickelte sich mit der Zeit aus der Tatsachenkenntnis und hypothetischen Deutung der Zusammenhänge die medizinische Wissenschaft. Wenn sich jedoch Hippokrates auch mit Schärfe gegen den alten Glauben vom übernatürlichen Ursprung der Krankheiten wehrte und Dioskurides als fortgeschrittener Empiriker bei seinen Heilmitteln die pharmakologischen Zusammenhänge erkannte, so blieben doch Wissen und Aberglaube noch lange Zeit nebeneinander bestehen. Der Glaube an die besonderen Mächte gewisser Kräuter hat sich oft genug bis in die Neuzeit erhalten.

Bei einem Volk, das ständig in Kriege verwickelt war, kam selbstverständlich den Wundkräutern eine besondere pharmakologische

228

229

230

231

232

228   Mehrere Wolfs-
milcharten hatten bei
Dioskurides Heilwir-
kungen. Auf dem Bild
Euphorbia characias.
229   Die echte Haus-
wurz *(Sempervivum
marmoreum)* auf einem
Steinplattendach.

230   Das blutreinigen-
de Tausendgüldenkraut
(Centaurium erythraea).

233

231   Der stark essenzhaltige Alant *(Inula viscosa)*, der im Herbst seinen charakteristischen Duft an die griechische Landschaft abgibt.
232   Der Schwalbenwurzenzian *(Gentiana asclepiadea)* war die Kentaurenwurzel der Alten.
233   Eine weitere Wolfsmilchart, *Euphorbia biglandulosa.*

234

235

236

37

238

239

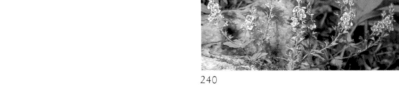

240

234 Die Schmerwurz *(Tamus communis)* gehörte zu den Pflanzen des Kentauren Chiron.

235 *Osyris alba,* der Harnstrauch, diente den Alten zur Seifenherstellung.

236 *Salvia sclarea,* der Muskatellersalbei.

237 Die Baldrianart *Valeriana crinii,* ein Bewohner der Bergfelsen Griechenlands und Albaniens.

238 *Silene graeca,* eine Leimkrautart.

239 *Ononis spinosa,* der dornige Hauhechel.

240 Der Ehrenpreis, *Veronica chamaedrys,* enthält wertvolle Gerb- und Bitterstoffe.

Bedeutung zu. Es sind uns denn auch eine ganze Anzahl von Kräuterbeschreibungen überliefert, in denen die wundheilenden Eigenschaften gepriesen werden.

›Lysimachia‹ hieß bei den Alten der dunkelpurpurne Felberich *(Lysimachia atropurpurea)*, so benannt nach Lysimachos, einem Feldherrn Alexanders des Großen, Herrscher des großthrakischen Reiches, der sie zuerst aufgefunden und bei seinen Soldaten als blutstillendes Mittel verwendet hat. Die blutstillende Wirkung ist auch bei Dioskurides (4.3) bezeugt, denn er empfiehlt den Felberich gegen Nasenbluten. Etymologisch heißt ›lysi-machein‹ »das den Kampf beendet«. Der Name könnte daher auch von der blutstillenden Wirkung abgeleitet sein, die sich Lysimachos erstmals zunutze machte.

Zum Heilen von Wunden diente auch das Johanniskraut *(Hypericum sp.)*, das gleichzeitig gegen Ischias eingesetzt wurde. Nach der Beschreibung des Dioskurides (3.50) dürfte dessen chironisches ›panakes‹, ein Mittel gegen Schlangenbisse, das auf der subalpinen Höhenstufe häufige olympische Johanniskraut *(Hypericum olympicum)* sein. Als wundheilend galten ferner die orientalische Wiesenraute *(Thalictrum orientale)* und die verschiedenen Aronstabarten.

Das auf Schuttplätzen und in Mauerritzen von Juni bis Oktober blühende Glaskraut *(Parietaria judaica)* ist eng verbunden mit einer von Plinius (22.17) nacherzählten Geschichte des Perikles. Einer seiner Sklaven war beim Bau der Akropolis auf den Giebel des Parthenon geklettert und von dort heruntergefallen. Perikles wurde von Athene im Traum das auf der Akropolis üppig vorkommende Glaskraut gezeigt, mit dem der Sklave von seinen Schürfungen auch wirklich geheilt wurde. Seitdem nannte man bei den Griechen das Glaskraut ›parthenion‹, in Erinnerung an die Göttin Athene Parthenios. Dioskurides (4.86) nennt das Glaskraut auch ›helxini‹ und gibt die kühlende, astringierende Wirkung an. Die Pflanze ist noch heute bei den Bauern im Gebrauch und wird bei Prellungen und Schwellungen aufgelegt.

Ähnlich unserer Ziehsalben verwendeten die Alten die fein zerstoßene Wurzel des Feuerdorns *(Pyracantha coccinea)*, um Splitter und Dornen aus der Haut zu entfernen (Dioskurides 1.122). Theophrast (1.9.3) hat den stachligen Strauch unter dem Namen ›oxyacanthos‹ unzweideutig beschrieben. Obwohl heute hauptsächlich als Gartenpflanze bekannt, ist der Feuerdorn im Epirus noch natürlicher Bestandteil der dortigen Macchien und Wälder.

›Ophiostafylos‹, Schlangentraube, nannte Dioskurides (4.181) die Zaunrübe *(Bryonia dioica)*, womit zweifelsohne die große Giftigkeit 202, 203 der ganzen Pflanze angedeutet werden sollte. Wurzeln, Blättern und Früchten wurde eine große Heilkraft zugeschrieben, so bei bösartigen Geschwüren, Hautausschlägen, Entzündungen, Abszessen, Epilepsie und bei Schlangenbissen. Dioskurides warnt aber vor einer zu reichlichen Anwendung der Droge, denn sie greife auch den Verstand an. Hippokrates brauchte die Wurzel der Zaunrübe gegen Starrkrampf. Die Beeren wurden auch als Enthaarungsmittel für Tierhäute eingesetzt.

Daphne gnidium, der Seidelbast oder Purgierstrauch, ein immer- 205 grüner aufrechter Strauch mit lanzettförmigen Blättern, weißen Blüten und roten Früchten, ist die ›chamelaia‹ des Dioskurides (4.169), die er auch »knidisches Korn« nennt, denn das Kultbild der Aphrodite von Knidos soll mit dieser Pflanze bekränzt gewesen sein. Zu seinen Salben und Ölen zählt Dioskurides (1.43) auch das knidische Öl, aus knidischen Körnern hergestellt, die eine abführende Wirkung haben und noch heute in Gebrauch sind. Der Bergseidelbast *(Daphne oleoides)* dürfte Dioskurides kaum bekannt gewesen sein, da dieser 206 nur über der Baumgrenze vorkommt. Bei Theophrast (6.2.2) wird zwar eine Art mit olivenblattförmigen Blättern ausdrücklich von *Daphne gnidium* unterschieden.

Zu den wundersamen Heilkräutern der Alten gehört der Diktamus *(Origanum dictamnus)*. Die Pflanze hieß auch ›artemidion‹, nach 207 Artemis, der Göttin der Jagd, die mit ihren Giftpfeilen verwundete, aber auch die Wunden heilte. Die Wunderkräfte des Diktamus sind bis ins 4. Jahrhundert n. Chr. von nicht weniger als 24 Schriftstellern gerühmt worden. In Kreta endemisch, von Meereshöhe bis 1600 m ü. M. wachsend, muß die Pflanze schon früh ein begehrter Exportartikel gewesen sein, denn Hippokrates verwendete das Kraut in Kos gegen Gallenleiden, Lungenschwindsucht und als Kataplasma bei Wundgeschwüren. Dioskurides (3.34) half die Pflanze zum Heilen von Speerwunden. Mit Diktamus heilte Aphrodite den troischen Helden Äneas von seinen Wunden (Vergil Aen. 12.412). Die phantastischste Geschichte von der Kraft des Diktamus stammt aber von Aristoteles, der uns überlieferte, daß die Wildziegen auf dem Berge Ida von diesem Kraut fressen, wenn sie von giftigen Pfeilen getroffen

241   242

243

244

246

245

241   *Scolymus hispanicus,* die Golddistel, diente den Alten zur täglichen Körperpflege
242   *Fumana thymifolia.*
243   Die Wachsblume *(Cerinthe major).*
244   *Echallium elaterium,* die auf Grabungsplätzen häufig anzutreffende Spritzgurke.

◁ 245 Stengel des Riesenleim-
krautes *(Silene gigantea)*, an dem
die dicke Leimschicht besonders
auffallend ist.

◁ 246 Auch die seltsamen Gebilde
der pflanzlichen Mißbildungen
regten die Phantasie der Alten an.
Auf dem Bild der sogenannte Ro-
senapfel, eine an der Wildrose
vorkommende Wucherung.

247 Die Beschreibung Kretas
von dem flämischen Reiseschriftsteller O. Dapper enthält eine Fülle phantastischer Geschichten,
darunter diejenige des Aristoteles
über die Heilkraft des Diktamus
bei den von Pfeilen getroffenen
Wildziegen. Nach der französischen Ausgabe von O. Dapper,
Description exacte des îles de
l'Archipel, Amsterdam 1703.

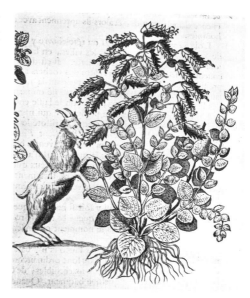

wurden, worauf der Körper diese ausscheidet und die Wunden ver-
heilen. Theophrast (9.16.1) wiederholt diese These seines Lehrers,
und die Fabel sollte bis ins 17. Jahrhundert die modernen Reiseschriftsteller beschäftigen. Im Mittelalter wurde in den Klöstern mit 247
Diktamus der berühmte Benediktinerlikör hergestellt und selbst in
neuester Zeit wird noch der Wermutwein mit dem stark aromatischen Kraut gewürzt.

Auch auf die Heilung der inneren Organe verwendeten die Alten
etliche Kräuter. Der Wasserdost *(Eupatorium cannabinum)* hieß 221
bei Dioskurides (4.41) auch ›hepatitis‹, was auf seine heilenden
Eigenschaften bei Leberschwellungen zurückzuführen ist. Plinius
schreibt dieser Pflanze ein königliches Ansehen zu, weil sie nach dem
König Eupator benannt sei, der die Pflanze als erster bei Leberkrank-
heiten anwandte. Eupator war pontischer König in den Jahren 123
bis 64 v. Chr. Der kleine Odermennig *(Agrimonia eupatoria)* verweist 222
ebenfalls auf den Herrscher Eupator am Schwarzen Meer und hat
ähnliche kurative Eigenschaften wie der Wasserdost. Der Steinsamen *(Lithodora sp.)* soll seinen Namen von den steinharten Beeren 223
haben, die nach der Signaturlehre der Alten die Kraft haben, Nieren-
steine zu zertrümmern. Auch Plinius erwähnt die perlenähnlichen

Samen, die so hart wie Steine seien und in Weißwein genommen die Blasensteine zertrümmern. Bei keiner anderen Pflanze ließe das Äußere so wenig Zweifel an der Heilkraft. Der Fingerhut als Herz-
208 tonikum scheint den Alten noch nicht bekannt gewesen zu sein.

224 *Tordylium apulum,* der Zirmet, dieser hübsche Vertreter der Phrygana der Mittelmeerländer, ist häufig an Wegrändern anzutreffen. Die Pflanze war schon Dioskurides (3.56) unter dem Namen ›tordylion‹ bekannt. Mit dem Saft des Stengels, in süßem Wein zehn Tage lang getrunken, mache er Nierenleidende gesund. Bewohner von
225 Küstenfelsen und vielfach in Gärten verwildert sind die Eibischarten. *Althaea cannabina,* der hanfartige Eibisch, galt bei Dioskurides (3.153) als ausgezeichnetes Mittel bei Nieren- und Magenleiden und auch als Schutzmittel gegen den Biß giftiger Tiere. Gallenreinigende
226 Eigenschaften wurden der Kugelblume *(Globularia alypum)* zugeschrieben (Dioskurides 4.177). Als blutreinigend galt das heute noch als verdauungsfördernd verwendete Tausendgüldenkraut *(Centau-*
230 *rium erythraea).*

Die fleischigen Blätter der Hauswurz *(Sempervivum marmoreum)*
229 sind in der Volksmedizin bis in die heutigen Tage ein beliebtes Mittel bei Ohrenschmerzen und Augenleiden. Im Altertum wurden ihr ähnliche Wirkungen zugeschrieben, und mit Wein vermischt wurde der Saft gegen Bandwürmer eingenommen.

Purgative Wirkungen schreibt Dioskurides den Wolfsmilcharten
228, 233 *(Euphorbia sp.)* zu. Die Gattung ist in Griechenland durch 43 Arten vertreten mit meistens gelben Blüten. Der dicke Milchsaft der Pflanze ruft Hautentzündungen hervor und ist innerlich angewendet giftig. Dioskurides zählt sieben Arten auf, denen er allen die gleiche Wirkung zuschreibt. Die Hippokratiker reichen ihren Wassersuchtpatienten vor dem Essen sieben Tropfen Saft auf einer Feige. Der gel-
213 be Hornmohn *(Glaucium flavum),* den wir im Sommer oft in Küstennähe antreffen, ist bei Theophrast ein Abführmittel. Der Holunder
209 *(Sambucus sp.)* mit seinen duftenden Doldenblüten und den schwarzen Beeren zur Zeit der Fruchtreife galt bei den Griechen ebenfalls als abführend (Dioskurides 4.171). Man verwendete zur Herstellung der daraus verfertigten Droge Früchte und Rinde, während aus dem dunkelroten Saft der Beeren ein Farbstoff gewonnen wurde, mit dem man den Wein färbte.
211 Der Rizinus oder Wunderbaum *(Ricinus communis)* war Dioskurides (4.16) wegen der Ähnlichkeit seines Samens mit einer Hundezek-

ke als ›kroton‹, Zecke, bekannt. Das Rizinusöl beschrieb er als unge- 212
nießbar, aber für Lampen gut zu gebrauchen. Die Hippokratiker
scheinen die abführende Wirkung des Rizinusöls auch nicht gekannt
zu haben, während es laut Herodot (2.94) bei den Ägyptern ein viel
angewandtes Mittel gewesen sein soll. Der tropische Baum dürfte in
ältesten Zeiten in Griechenland als Zierpflanze aus seiner afrikanischen Heimat importiert und naturalisiert worden sein. In den Tro-
pen wird er heute als Ölbaum angepflanzt und wirtschaftlich genutzt,
wobei der medizinische Gebrauch für den Anbau eine untergeordne-
te Rolle spielt. Die große Bedeutung liegt vielmehr beim sogenannten
Castoröl, da das Rizinusöl auch bei tiefen Temperaturen dünnflüssig
bleibt und daher als hochwertiges Maschinenschmiermittel dient.
Der rohe Rizinussamen ist äußerst giftig, indem schon drei bis zehn
Samen einen Menschen töten können.

Auch die Stranddistel *(Eryngium maritimum)* war bei den Pharma- 210
kologen der Antike eine gut bekannte Pflanze. Dioskurides (3.21)
verschreibt die Wurzel gegen Blähungen, daher der antike Name
›erougarein‹, gleichbedeutend mit »aufstoßen«. Die schöne Pflanze
mit ihren silbergrau angehauchten Blättern belebt noch manchen
Sandstrand, ist aber weltweit als Reiseandenken beliebt und durch
das Unverständnis der Touristen vom Aussterben bedroht.

Verschiedene Heilkräuter fanden in der Behandlung von Erkrankungen der Atemwege Anwendung. Das zerbrechliche Meerträubchen *(Ephedra fragilis)* wird von Dioskurides (4.48) mit den gleichen 215
Wirkungen beschrieben, wie die heutigen modernen, schleimlösen-
den Mittel. Die spezifische Wirkung des Ephedrins gegen Asthma 214
war schon den Chinesen vor 5000 Jahren bekannt. Den Huflattich
(Tussilago farfara), heute Bestandteil von Hustentees, identifizieren
wir mit dem ›bechion‹ des Dioskurides (3.116), abgeleitet von ›bēx‹,
Husten, also Hustenkraut. Bereits bei den Hippokratikern war die
Wurzel, mit Honig und Milch vermischt, bei Krankheiten der
Atemwege in Gebrauch. Als schleimlösendes Mittel galt weiter der
Andorn *(Marrubium velutinum)*, das ›prasion‹ des Dioskurides 217
(3.109), ein buschig wachsender Lippenblütler an trockenen Stand-
orten der subalpinen Region.

Der Salbei *(Salvia)* war der meist verschriebene Heiltee der alten 218
Griechen. Theophrast, Dioskurides und Plinius beschreiben dessen
Verwendung sehr ausführlich. Auch die modernen Griechen zählen
Salbei zu den Wunder-Heilpflanzen, indem diese gegen Erkältun-

gen, bei Fieber, bei Halsentzündungen, zur Belebung der Magentätigkeit, bei Rheuma, ja sogar zur Förderung des Gedächtnisses nützlich sei. Dioskurides (3.35) verwendet die abgekochten Blätter auch zum Schwarzfärben der Haare.

Gifte und Gegengifte bildeten im Altertum einen wichtigen Bestandteil der Arzneimittelkunde. Eine seit dem Altertum angepflanzte, aber auch wild vorkommende Droge ist die Raute *(Ruta*
216 *sp.)*, berühmt als Gegengift bei Schlangenbissen und anderen Vergiftungen, aber auch als wirksame Arznei bei Atemnot (Dioskurides 3.45). Die Hippokratiker verwendeten die Raute auch gegen Hysterie und Plinius wollte wissen, daß Maler und Bildhauer ihren Speisen Raute beimischen, um ihre Augen zu erhalten. Bei Athenaeus (3.85) aßen die Gäste Klearchos', Tyrann von Heraklea, vorsorglich Raute, weil sie wußten, daß der Tyrann sie mit Eisenhut vergiften wollte. Ein beliebtes Mittel gegen Vergiftungen war ehedem auch
219 der wohlriechende Lavendel *(Lavendula stoechas)*.

220 Der Hundswürger *(Cionura erecta)* war den Alten dank seiner toxischen Eigenschaften als Giftköder für Tiere bekannt. Die Blätter des ›kynomoron‹ (Dioskurides 4.81) wurden zu Brötchen geformt und streunenden Hunden, Wölfen und Füchsen vorgelegt, die dann an den Oberschenkeln Lähmungen bekamen. Gemäß Reiseberichten aus dem letzten Jahrhundert wurde die Rinde des Hundswürgers noch zu dieser Zeit auf der Insel Salamis gegen tollwütige Hunde eingesetzt. Bei Plinius (25.2.6) wirkt die Wurzel der Hundsrose *(Rosa canina)* gegen die bei Tollwut auftretende Wasserscheu und trägt damit zur Heilung bei.

Wilder Tiere und Mücken erwehrte man sich durch Räucherung
231 essenzhaltiger Pflanzen, wie z. B. des Alants *(Inula viscosa)*, der mit seinen herbstgelben Blüten auf Schutthalden und an Wegrändern nicht zu übersehen ist.

232 Der Schwalbenwurzenzian *(Gentiana asclepiadea)* wird von Dioskurides (3.3) auch Kentaurenwurzel genannt, was ausgezeichnet zum wasserreichen Pilion, der Heimat der Kentauren, paßt, wo er an feuchten, schattigen Stellen üppig wächst. Der Wurzelextrakt wirkt gegen den Biß giftiger Tiere, bei inneren Rupturen, Krämpfen, Leber- und Magenleiden. Gentiana hat seinen Namen vom illyrischen König Gentius, denn nach Plinius ist der Enzian in Illyrien sehr häufig. Gentius lebte im 2. Jahrhundert v. Chr. und soll als erster den medizinischen Wert des Enzians im Kampf gegen die Pest erkannt

haben. Heute gilt die Enzianwurzel als Tonikum und fiebervertrei-
bend. Vielleicht war letzteres ausschlaggebend bei der Bekämpfung
der Pest.

Unter den von Dioskurides erwähnten Beruhigungsmitteln ist vor
allem der Baldrian hervorzuheben (1.6), von dem eine Art nach ihm 237
den wissenschaftlichen Namen *Valeriana dioscoridis* erhalten hat.
Die Hippokratiker empfehlen Baldrian bei vielerlei Frauenleiden. Bis
in die neuere Zeit verordneten die Ärzte Baldriantee und Baldrian-
wein bei Epilepsie, Veitstanz, Hysterie und ähnlichen Nervenleiden.
Da man solche Störungen im Altertum für ein Werk des Teufels hielt,
sah man in der Wurzel des Baldrians einen mächtigen Gegenzauber
für alle Lebenslagen und trug ein Stück davon als Amulett um den
Hals.

Als schlechthin gegen alle Krankheiten nützliches Heilkraut galt
die Spritzgurke *(Ecballium elaterium)*, die wohl allen Griechenland- 244
Reisenden bekannte Schuttpflanze mit gelben, blattachselständigen
Blüten, deren Samen zur Reifezeit explosionsartig weggeschleudert
werden. Plinius (20.1) beginnt seine Schilderung der Naturwunder
bei den Gartengewächsen mit eben dieser Spritzgurke. Man bereite
aus ihr das ›elaterion‹, den an der Sonne zu kleinen Kuchen geformten verdickten Saft der Früchte, der den Menschen gegen mancherlei
Übel helfe: Augenkrankheiten, Zahnschmerzen, Krätze und Flechten, Drüsengeschwülste am Ohr, Taubheit. Kein Heilmittel soll sich
länger halten als Elaterion. Es sei je älter desto besser und Theophrast
(9.13.1) berichtet von einem Arzt, der zweihundertjährige Pillen von
bewundernswerter Heilkraft gebraucht habe. Unter allen Arzneien
bewirke es am sichersten Erbrechen, und das sei die Eigentümlichkeit
seiner Kraft (!).

Auch der Muskatellersalbei *(Salvia sclarea)*, ein robuster, stark duf- 236
tender, zweijähriger Strauch in der subalpinen Zone wurde früher als
wichtige Arzneipflanze angesehen. In jüngerer Zeit diente er als Beimischung zu Wein, wodurch dieser einen Muskatgeschmack erhielt,
daher der Name Muskatellersalbei. Der wissenschaftliche Artname
sclarea ist abgeleitet von *clarus,* rein, was auf reine Augen hindeutet,
d. h. Verwendung in der Ophtalmiatrie. Ein Same wird unters Lid ge-
steckt, hat dort die Eigenschaft eine klebrige Masse zu erzeugen und
hilft damit, Fremdkörper aus dem Auge zu entfernen.

Etliche Pflanzen widmen die Alten auch kosmetischen Zwecken.
So beschreibt Plinius (27.88) den im Herbst durch seine roten Beeren

235 auffallenden Harnstrauch *(Osyris alba)* mit besenartigen Zweigen, aus dessen Früchten man für die Frauen ein Reinigungsmittel her-
234 stelle. Zu den Heilpflanzen des Chiron gehört die Schmerwurz *(Tamus communis)*, die Dioskurides (4.180) »wilde Rebe« nennt und deren Trauben gegen Sommersprossen und Hautflecken verschreibt. In der heutigen Homöopathie wird aus dem Wurzelstock eine Tinktur gegen Sonnenbrand gewonnen. Umschläge aus den
243 Blättern der Wachsblume *(Cerinthe major)* sollen nach Dioskurides (2.217) helle Flecken auf den Nägeln beseitigen und mit Essig in der Sonne eingeschmiert auch weiße Flecken auf der Haut. Zur Körperpflege dienten neben heißen Bädern Kleie, Sand oder Asche, be-
242 vor zur Zeit Galens die Seife als Spaltprodukt von Ölen und Fetten entdeckt wurde. Unendlich groß ist die Zahl der Produkte, die man unter Beimischung von Wohlgerüchen verschiedenster Art aus Pflanzenölen herstellte. Besonders beliebt waren die Düfte der Rose, der Narzisse, der Lilie, des Lorbeers, aber auch der Harze von Koniferen, Storax und Zistrose.

Gemäß Plinius (25.2.6) verwendeten die von ihm benutzten
246 Schriftsteller die Asche des Rosenapfels, der durch die Eiablage der Gallmücke in der Knospe der Rose hervorgerufenen filzartigen Wucherung, mit Honig vermischt zur Wiederbehaarung kahler Stellen
241 auf der Kopfhaut. *Scolymus hispanicus,* die Golddistel, ist eine zwei- bis mehrjährige Pflanze und in ganz Griechenland an Wegrändern und auf Umbruchland verbreitet. Sowohl Dioskurides (3.14) wie Plinius (22.22.43) schreiben der Wurzel neben anderen Qualitäten körperreinigende Wirkung zu. Plinius empfiehlt nach dem Bade eine Abkochung der Wurzel in Wein, um den Schweißgeruch zu beseitigen. Er versichert, daß der Bildhauer Xenokrates dieses Rezept regelmäßig anwendete.

Eine Art pharmazeutischer Fabriken ist durch Pausanias (9.41.7) bezeugt. Bei der Beschreibung von Chaironeia erwähnt er, daß man dort Salben kocht aus Blumen von Lilien, Rosen und Narzissen, die den Menschen als schmerzstillende Mittel dienen. Dank der Beschreibung Pausanias' kann die von ihm erwähnte Schwertlilie als die
422 Wasserschwertlilie *(Iris pseudacorus)* identifiziert werden, deren Wurzelstock Gerbstoffe enthält und früher zum Gerben und in der Medizin verwendet wurde.

Erstaunlich ist, daß keine der sehr häufigen 113 Leimkrautarten bei Dioskurides identifiziert werden kann, denn die typische Klebrigkeit dieser Pflanzengattung muß den Alten aufgefallen sein. Vielleicht handelt es sich bei einer dieser Arten um eine in der Argolis ›selene‹ genannte Pflanze *(Silene gigantea)*, mit deren Schaum die Hirten ihre 245 Füße bestrichen, um nicht von giftigen Tieren gebissen zu werden. Etymologisch könnte ›selene‹ von Silen, dem mit Geifer bedeckten, trunkenen Begleiter des Dionysos, abzuleiten sein.

Etliche heute zu den wichtigen Heilpflanzen gehörende Gewächse konnten bei den alten Griechen nicht identifiziert werden. Hierzu gehört der an Gerbstoffen und Glykosiden reiche Ehrenpreis *(Veronica sp.)*, der häufig in Wäldern und an schattigen Orten anzutref- 240 fen ist. Vielleicht handelt es sich um das ›alysson‹ des Galen.

Die Griechen kannten auch schon verschiedene Mittel für die Zahnbehandlung. Der dornige Hauhechel *(Ononis spinosa)* diente 239 Dioskurides (3.18) in Essigwasser gekocht zur Behandlung von Zahnschmerzen. Die Brombeere kennt er (Dioskurides 4.37) als Haarfärbemittel und Mundspülwasser zur Kräftigung des Zahnfleisches.

Damit haben wir anhand einiger Beispiele gesehen, daß die medizinische Therapie der alten Griechen maßgeblich auf der Anwendung der Heilkräuter beruhte, mit denen ihr Land schon damals so reich gesegnet war, angefangen bei einer mythisch gedeuteten Jahrtausende alten Empirie im Einsatz dieser aus den Händen der Götter empfangenen Gaben der Natur, bis zur wissenschaftlich durchdachten Arzneimittelkunde in hellenistischer Zeit.

DIE GABEN DER DEMETER

Wenn auch für den täglichen Bedarf des Menschen an pflanzlichen Stoffen verschiedene Götter zuständig waren, wie etwa Athene für den Ölbaum, Dionysos für den Weinstock oder Pan für die Kräuter der Viehweiden, so kommt Demeter als universeller Fruchtbarkeitsgöttin eine besondere Bedeutung zu. Als Herrscherin über die Kräfte der Vegetation war sie eine der am meisten verehrten griechischen Gottheiten, verhalf sie doch den Menschen zu ihrer Ernährungsgrundlage. Ihr kostbarstes Geschenk waren die Ähren.

248

248   In Eleusis wurde bis ins 4. Jahrhundert n. Chr. alljährlich der Mysterienkult der Demeter gefeiert. Zahlreiche Reste üppigen Bauschmucks zeugen von der Verehrung, die der kornspendenden Göttin zuteil wurde.

In frühester Zeit lebten die Menschen auf der Stufe des Sammlers und ernährten sich aus Samen, Knollen, Blättern oder Früchten wildwachsender Pflanzen. In der Jungsteinzeit und später bei den Minoern entwickelte sich die Acker- und Gartenbaukultur, die nicht nur die charakteristischen Feldfrüchte kannte, sondern auch eine reiche Auswahl an Obstsorten, wie wir aus der homerischen Schilderung (Od. 7.112) des Gartens des Alkinoos wissen:

Umgeben von einem festen Gehege
prangten dort Bäume
mit Birnen, Granaten und Äpfeln
Feigen von hoher Süße und Oliven.
Winter und Sommer läßt der wehende Westwind
die Früchte wachsen und reifen,
Traube hängt neben Traube
und Feige drängt sich an Feige . . .

Trefflich beschreibt Homer auch (Od. 24.246) den »früchteschweren« Garten des greisen Laertes auf Ithaka, als dessen Sohn Odysseus nach langen Irrfahrten endlich heimkommt.

249 Weihrelief aus Eleusis, Demeter darstellend, wie sie dem jungen Königssohn Triptolemos die Ähre übergibt, damit er ausziehe und die Menschen den Ackerbau lehre. Die Göttin trägt als Symbol das Blütenzepter. Ihre Tochter Persephone tritt rückwärts an Triptolemos heran und schmückt ihn mit einem Blumenkranz. Athen, Nationalmuseum, um 440 v. Chr.

Über den Anbau von Gemüsesorten schweigen sich die homerischen Epen aus. Dort sind Brot, Fleisch und Wein die wesentlichen Bestandteile eines Gastmahles und Homer ergeht sich in allen Einzelheiten in der Fleischzubereitung, die sich von der heutigen Art des Bratens über dem offenen Holzkohlenfeuer kaum unterscheidet. Trotzdem müssen die Griechen fleißige Gemüseesser gewesen sein, denn Theophrast (2.1.2) unterstreicht den Reichtum auf diesem Gebiet. Aus einer zeitgenössischen Inschrift aus dem Anfang des 5. Jahrhunderts v. Chr. über die Konfiszierung und Versteigerung des Vermögens eines Notablen namens Alkibiades, der der Teilnahme an einem Religionsfrevel verdächtigt war und deswegen vor Gericht gestellt wurde, wissen wir, daß zum Hausrat eines reichen Atheners umfassende Lebensmittelvorräte gehörten, zu denen Oliven, Olivenöl, Koriander, Linsen, Wicken, Weizen und Sesam zu zählen sind.

Herrscht Demeter im Verborgenen über die Kräfte der Vegetation, so gibt Theophrast (1.14) schon genaue Kulturanweisungen für Feigen, Trauben, Oliven, Granatäpfel, Mandeln und Birnen und kennt auch bereits das Anziehen von Pflanzen in Blumentöpfen. In Athen legte er einen botanischen Versuchsgarten an, von dem ein Grenzstein am Nordrand des Syntagmaplatzes noch heute zu sehen ist. Im Nordosten Athens lehrte Sokrates in einem großen Garten, wo später Aristoteles und seine Schüler die philosophischen Spaziergänge einführten, die ihnen den Namen »Peripatetiker« (nach ›peripatos‹, Spaziergang) einbrachten. Das Bewässerungsproblem war schon damals von großer Bedeutung. Die Gärten der Aphrodite befanden sich deshalb im Tal des Ilissos und die von Kimon mit schattenspendenden Platanen umgebene Akademie des Platon am Ufer des Kephisos.

War die Auswertung der natürlichen Ernährungsquellen eine Lebensnotwendigkeit, so wußte der Mensch auch sehr bald die ihm von der Natur in die Hand gegebenen Mittel für die Befriedigung seiner übrigen Bedürfnisse auszunutzen. Zahlreiche archäologische Funde zeugen von der Verwendung textiler Fasern für die verschiedensten Zwecke des täglichen Lebensbedarfs und vom Einsatz von Pflanzenfarbstoffen zur Erfüllung ästhetischer Ansprüche.

Wildgemüse und Feldfrüchte

Am Anfang ernährte sich der Mensch von Wildgemüse. Knapp fingerdick war die Wurzel der wilden Karotte *(Daucus carota)*, des Vorläufers unserer Gartenmöhre, die schon damals gekocht und gegessen wurde. Die späteren Griechen entdeckten in den Blättern der wilden Möhre Heilkräfte gegen krebsige Geschwüre (Dioskurides 3.52).

250, 251

Auch die noch heute verwendete schmackhafte Schwarzwurzel *(Scorzonera sp.)* wurde als Gemüse genossen. Als besonders süß und fleischig galten die dicken Pfahlwurzeln des Bocksbarts *(Tragopogon sp.)*, schon von Theophrast (7.7) wegen des bärtigen Fruchtstandes so benannt. Dioskurides (2.172) verglich die aus der Spitze des Kelchs kommende Haarkrone mit einem Haarschweif und gab der Pflanze den entsprechenden griechischen Namen ›kome‹.

254

252, 253

Unter den Blattpflanzen galt wie heute noch die Wegwarte *(Cichorium intybus)* als der Gesundheit besonders förderlich. Die jungen, lattichähnlichen Blätter wurden gekocht und als Salat mit Essig und Öl gegessen. Dioskurides (2.159) rühmt deren für den Magen sehr bekömmlichen diuretischen Eigenschaften. Die Wegwarte ist bereits in einem Papyrustext aus dem 4. Jahrtausend erwähnt und blieb das ganze Altertum hindurch eine beliebte Heilpflanze. Es handelt sich um die gleiche Pflanze, aus deren Wurzeln heute in gewissen Gegenden der sogenannte Zichorienkaffee hergestellt wird.

255

In einem Land wie Griechenland hatten hauptsächlich diejenigen Pflanzen eine große Bedeutung, die auch in der trockenen Jahreszeit frisches Gemüse lieferten. Zu den typischen Bewohnern von Trokkengebieten gehört der Portulak, der sich mit seinen fleischigen Blättern der Umwelt angepaßt hat und im Hochsommer einen vorzüglichen Salat liefert. In Griechenland ist der gemüseartige Portulak *(Portulaca oleracea)* heimisch und bedeckt in den trockenen Monaten Schuttstellen und Gartenplätze, wo er noch heute geerntet wird. Die »kühlenden« Eigenschaften der saftigen Blätter hatten die Ärzte der Antike richtig erkannt. Dioskurides (11.150) verwendet das von ihm als ›andrachni‹ bezeichnete Kraut gegen Kopfschmerzen, Magenentzündungen, Blasen- und Milzleiden sowie gegen Magenbrennen und als Augenheilmittel. In der Volksmedizin gilt der Portulak auch heute noch als diuretisch und wird gegen Gallensteine verwendet. Plinius (20.120) verlängert den Katalog der Heilwirkungen des Por-

256

131

tulaks bis ins Unendliche, ja erzählt von der Verwendung der Pflanze als Amulett zur Befreiung von allen Übeln. Auch Galen setzte den Portulak als Heilmittel ein und sprach von dem in den fleischigen Blättern enthaltenen gesundheitsfördernden Saft.

258 Eine andere in der Küche von damals sehr geschätzte fleischige Pflanze ist der Meerfenchel *(Crithmum maritimum)*, der Meerluft braucht und nur an Felsküsten gedeiht. Mit der griechischen Bezeichnung ›krithmon‹ sollte die Ähnlichkeit der Samenkörner mit
260 der Gerste, ›krithi‹, zum Ausdruck gebracht werden. Die noch zarten Blätter werden vor der Blüte in Wein gekocht und als Salat gegessen oder auch als Wintervorrat in Salzbrühe konserviert. Letztere Ver-
259 wendung ist noch heute üblich, indem die Blätter wie Salzgurken in Essig eingemacht werden. Dioskurides (2.156) und Plinius (26.50) schätzten das Kraut auch offizinell hoch ein, enthält dieses doch ätherische Öle, Mineralsalze, Jod und Vitamine, die appetitanregend, blutreinigend und tonisch sind.

257 Zu den Bewohnern der salzhaltigen Küstengebiete gehört der Queller *(Salicornia sp.)*. Dieser typische Vertreter der Halophyten verträgt hohe Salzkonzentrationen im Boden und speichert selbst bis zu 17% hochwertige Mineralsalze auf, was der Pflanze einen hohen Nährwert und großen Kaloriengehalt verleiht. Bei den Alten ist die Salikornie nur von Galen erwähnt, der die natronhaltige Asche zur Herstellung von Seife verwendete. Auf Grund der großen Kenntnis der Alten vom Nährwert der Pflanzen wäre es verwunderlich, wenn nicht schon vor Galen die in sumpfigen Strandgebieten häufig vorkommende Salikornie als wertvolles Gemüse erkannt worden wäre. Der Nährwert und der große Kaloriengehalt der Pflanze wurden in späteren Zeiten von der einheimischen Bevölkerung hoch eingeschätzt.

261 Dioskurides (2.204) hinterließ auch eine sehr ausführliche Beschreibung des Kapernstrauches *(Capparis spinosa)*, in der er Blütenknospen und Früchte in Essig eingelegt gegen Ischias und Krämpfe
262 empfiehlt. Athenaeus erwähnt Kapern an sechs Stellen in seinem »Sophistenmahl« und läßt den Philosophen Zenon bei der Kaper schwören, wie einst Sokrates beim Hund geschwört haben soll. Der Dichter Antiphanes nahm die Kaper zusammen mit Salz, Thymian, Sesam, Kümmel, Majoran, Essig und Oliven in seine Gewürzliste auf. Noch heute sind die eingemachten Knospen der Kaper ein beliebtes Gewürz.

250　*Daucus carota*, die wilde Möhre.
251　Wurzel der wilden Möhre.
252　*Tragopogon sp.*, eine Bocksbartart.
253　*Tragopogon porrifolius*, der Bocksbart mit dem charakteristischen bärtigen Fruchtstand.
254　*Scorzonera rosea*, die Schwarzwurzel.

Bei der schopfigen Traubenhyazinthe *(Muscari comosum)* dürfte es sich in ältester Zeit um die einzige in Griechenland wild wachsende Speisezwiebel gehandelt haben. Es wurden ihr deshalb nicht nur die den Zwiebelgewächsen allgemein anhaftenden diuretischen Eigenschaften zugeschrieben, sondern sie war vor allem ein schmackhaftes und nahrhaftes Gemüse (Dioskurides 2.200; Theophrast 7.12.1). Beim Hirtendichter Theokrit finden wir die ›volvoi‹, wie diese Zwiebelknollen noch heute heißen, neben Schnecken und einem guten Tropfen als Bestandteil eines ländlichen Mahles.

263

Eine gelbblühende, bis 20 cm hoch wachsende Art der Traubenhyazinthe *(Muscari macrocarpum)* kommt auf Samos und Lesbos als Endemit vor. Dank ihres angenehmen, starken Duftes findet man diese Art oft auch in Bauerngärten angepflanzt.

270

Zum Würzen der Speisen wurden Gewürzpflanzen verwendet. Mykenische Tontäfelchen enthalten Abrechnungen über den Handel mit Koriander, Kümmel, Minze und Fenchel. Auf dem Feld holte man sich die Petersilie, wahrscheinlich das ›sison‹ des Dioskurides (3.57). Mit wohlriechenden Petersilie-Kränzen wurden die Sieger der nemeischen und isthmischen Wettkämpfe ausgezeichnet. Der ursprünglich in Südostasien beheimatete stark aromatische Dill *(Anethum graveolens),* das ›anethon‹ des Dioskurides (3.60), war im alten Griechenland besonders begehrt. Die Kostbarkeit des Dills bei den alten Völkern ist auch im Matthäus-Evangelium bezeugt, wo von einer Besteuerung dieser Gewürzpflanze die Rede ist. Der Knoblauch *(Allium sp.)* stammt zwar aus den zentralasiatischen Steppen, wurde aber im Mittelmeergebiet schon früh akklimatisiert. Schon die Ägypter kannten ihn als stimulierendes Gewürz. Aristophanes sah in ihm ein Symbol für physische Kraft. Seines Geruches wegen wurde er allerdings von den Göttern verschmäht und die Gläubigen durften nach dem Genuß von Knoblauch keinen Tempel betreten. Dioskurides erwähnt neben dem Knoblauch als Gartenpflanze auch eine wilde Sorte, von ihm ›ophioskordon‹, Schlangenknoblauch, genannt, und schildert deren Eigenschaften als durstfördernd, Bandwürmer vertreibend und Schlangen- und Hundebisse heilend. Mit Honig vermischt verschreibt er den Knoblauch gegen Flechten, Hautflecken, Schorf und Aussatz.

267

269

268

Pilze wurden erst in der späteren Antike als Nahrungsmittel erkannt und als solche von den Römern sehr geschätzt. Homer hielt die Pilze als eine Verbindung von Himmel und Erde. Das plötzliche Auftauchen dieser Gebilde im Herbst war für die Alten unerklärlich und man betrachtete sie als Scherze der Natur, wie etwa Athenaeus, der davon überzeugt war, daß die Häufigkeit und Größe der Trüffeln

274, 275

von der Zahl und der Heftigkeit der Donnerschläge abhänge. Dioskurides unterscheidet in seiner Arzneimittellehre schon zwischen ungenießbaren und eßbaren Pilzen. Giftig seien sie, wenn sie neben verrosteten Nägeln oder in Schlupfwinkeln von Schlangen wachsen. Plinius rühmt die Pilze als vortreffliche Speise, erwähnt aber auch, daß sie zu Verbrechen benutzt werden, womit er zweifellos auf die Vergiftung des Kaisers Tiberius Claudius mit Pilzen anspielt. 272

In unsere wenigen Bildbeispiele von Pilzen, die in Griechenland wachsen, haben wir auch den Wetterstern *(Geaster hygrometricus)* 276 aufgenommen. Die Alten hätten ihn als Feuchtigkeitsmesser benutzen können. Der Pilz ist in sechs bis zehn Lappen aufgeteilt, die sehr hygroskopisch sind und sich bei feuchtem Wetter sternförmig auf dem Boden ausbreiten. Bei Trockenheit rollen sie sich zusammen und gleichen dann harten Bällchen. Der nicht eßbare Pilz wächst im 277 Herbst in Nadelwäldern auf sandigen Böden und fällt besonders bei Feuchtigkeit auf, wenn er sein sternförmiges Aussehen annimmt.

Der griechische Boden brachte auch immer gute Früchte hervor. Lange bevor die veredelten Obstsorten, wie der Pfirsich, aus Persien eingeführt wurden und die Griechen die Kunst des Okulierens selbst erlernten, bereicherten die Alten ihren Speisezettel mit den Früchten, die ihnen die Natur bot. Als Symbol des Wiedererwachens der Natur schmückte als erste bereits im Februar die hellrosa Blüte des Mandelbaums *(Prunus webbii)* die Landschaft der Alten. Die aus dieser Wild- 279 form reifenden Früchte waren klein und unscheinbar, galten aber mit Honig vermischt als besondere Delikatesse. Die zum Teil blausäurehaltigen »bitteren« Mandeln wurden wie heute zur Bereitung von Gebäck verwendet oder lieferten ein begehrtes Öl zum Binden von Parfums und Salben. Da die Ernte der wild wachsenden Mandeln gering war, entwickelte sich aber auch ein reger Importhandel. In dem 15 m langen Wrack eines um 300 v. Chr. vor dem zyprischen Hafen Kyreneia gesunkenen Handelsschiffes fand man eine Ladung von mehr als 10 000 Säcken Mandeln, die auf einen reichlichen Gebrauch dieser Frucht schließen läßt.

Die Holzbirne *(Pyrus amygdaliformis)* ist eine in Griechenland alt- 281 eingesessene Pflanze und wird heute noch in wildem Zustande oftmals veredelt. Die holzigen Birnen ersetzten den Argivern das Brot, bevor dieses bekannt wurde, ähnlich den Eicheln bei den Arkadiern.

Eine weit saftigere Frucht war die Mirabelle *(Prunus domestica)*, bei 280, 282 der es sich um das ›kokkymelon‹ des Dioskurides (1.174) handelt.

255   256   257

258

259   260

255   Die Blätter der Wegwarte *(Cichorium intybus)* waren schon im Altertum ein beliebtes Gemüse.

256   Der gemüseartige Portulak *(Portulaca oleracea)* ist seit dem Altertum eine beliebte Beigabe zu Gurkensalat.

257   Die Salikorne *(Salicornia sp.)* ist ein typischer Vertreter der Halophyten und enthält wertvolle Mineralsalze.

258   *Crithmum maritimum,* der Meerfenchel, in Blüte.

259   In Essig eingemacht sind die zarten Blätter des Meerfenchels noch heute ein beliebter Salat.

260   Die gerstenartigen Samen des Meerfenchels gaben der Pflanze den Namen ›krithmon‹, von krithi, Gerste.

1

262

261 Kapernstrauch *(Capparis spinosa)* in Blüte. Die in der Mitte des Bildes sichtbaren noch geschlossenen Blütenknospen werden als Kapern in Essig eingemacht.

262 Die Samenfrucht des Kapernstrauchs.

263 Eingemachte Zwiebelknollen der Traubenhyazinthe waren schon im Altertum eine beliebte Speise.

264 Traubenhyazinthe *(Muscari comosum)* in Blüte.

265 *Muscari neglectum,* eine andere sehr dekorative Traubenhyazinthenart.

3

4

265

Auch diese Pflaumenart ist seit Urzeiten in Südeuropa und Kleinasien heimisch. Zu den Pflaumenarten, die die Griechen nach eßbaren und weniger guten unterscheiden, gehört der Schlehdorn *(Prunus spinosa).* Die Schlehe ist schon für neolithische Siedlungen in Italien bezeugt und dürfte daher zu den Konsumfrüchten gehört haben. Auch Athenaeus (2.50) zählt sie zu den eßbaren Früchten, wenn sie auch kleiner als die Mirabelle sei.

Über die Kirsche ist uns ein Dialog bei Athenaeus (2.51) erhalten, wo einer seiner römischen Gäste den Griechen vorwirft, sie behaupteten, gar vieles erstmals entdeckt und diesen Dingen einen Namen gegeben zu haben. Sie wüßten aber nicht, daß der römische General Lucullus der erste gewesen sei, der die Kirsche nach Italien brachte und dieser den Namen ›kerason‹ nach ihrem griechischen Ursprungsort Kerasus am Pontus gab. Schlagfertig antwortete jedoch der Grieche Diphilos aus Siphnos, daß viele Jahre vor Lucullus die Kirsche von Lysimachos, einem Diadochen Alexanders des Großen, als saftige, hübsche, zwar wenig nahrhafte jedoch ungekocht genießbare schmackhafte Frucht aus Kleinasien nach Griechenland gebracht worden sei. Also ist der Ursprung der Kirsche schon bei den Griechen bezeugt. Eine Identifizierung des ›kerasos‹ des Theophrast (3.12.13) ist nach der vorliegenden Beschreibung allerdings schwierig, jedoch kommt die Kirsche als Wildform auf dem griechischen Festland, in Euböa und auf der Peloponnes tatsächlich vor, in den Wäldern Nordgriechenlands wachsen sogar Bäume mit süßen Kirschen.

Unter dem Namen »Zeuseichel« waren den Alten auch schon die Kastanien bekannt. Deren Vorkommen in Mazedonien, auf dem Piliongebirge und in Euböa, wo sie heute noch ausgedehnte Bestände bilden, ist durch Theophrast (4.5.4) bezeugt. Verschiedene Ortschaften trugen schon im Altertum den Namen ›Kastanea‹ (Herodot 7.183).

Auch die saftigen Kerne des Granatapfels, der als Fruchtbarkeitssymbol im Mythos eine so große Rolle spielte, waren eine beliebte Beigabe auf der Früchteschale.

Unter den goldenen Äpfeln des Hesperidengartens, wie sie uns aus dem Mythos überliefert sind, stellen wir uns vielfach die Zitrusfrüchte vor, die heute fast in allen Ländern mit warmem Klima angebaut werden, im alten Griechenland jedoch noch nicht existierten. Es ist daher ein Trugschluß, die immergrünen Agrumenhaine mit den

leuchtend orangegelben Früchten, wie wir ihnen etwa in der historischen Argolis begegnen, als einen Bestandteil der odysseischen Land- 493
schaft zu betrachten. Theophrast (4.4.2) kannte zwar schon den Zi-
trusbaum als medischen Apfel asiatischen Ursprungs von den botanischen Forschungen des Alexanderzuges her und beschrieb das Gewächs sehr treffend als immergrünen Baum, mit Dornen, nicht eßba-
rer Frucht und wohlriechender Schale. Zweifellos handelt es sich bei
dieser Beschreibung um die Pomeranze oder Bitterorange, die heute
ein beliebter Schmuckbaum für Parkanlagen ist. Einzig die Zitrone
(Citrus limon) dürfte im alten Griechenland schon bekannt gewe- 287
sen und durch die Feldzüge Alexanders des Großen im 4. Jahrhundert v. Chr. eingeführt worden sein. Der Zitronenbaum weist einen
kontinuierlichen Reifezyklus auf und entwickelt deshalb auch während der Fruchtreife immer wieder neue Blüten.

266   Bei dem oftmals als
Granate gedeuteten Münz-
bild von Milos handelt es sich
wohl eher um eine Quitte.

Aus neueren Forschungen ist bekannt, daß es in homerischen Zeiten schon die Quitte gegeben hat. Der ›kydonion melon‹ oder kydo- 288
nische Apfel deutet auf Kreta, das Land der Kydonen hin, wo die
Quitte möglicherweise schon früh aus ihrer asiatischen Heimat eingeführt wurde. Die späteren Griechen verstanden unter ›melon‹ einfach eine Baumfrucht, und als solche war die Quitte als Spenderin der
beliebten Süßigkeit ›melomeli‹ oder ›kydonomeli‹, Quittenhonig
ähnlich unserer heutigen Quittenpaste, berühmt. Solon bezog die
Quitte in seine gesetzgeberischen Vorschriften für das Hochzeits-
ritual ein. Die jungen Eheleute mußten vor der Brautnacht eine
Quitte essen, eine Vorschrift, die sicher durch den herben Wohlgeruch der Quitte begründet war.

267   268   269

270   271

267   Wildwachsende Petersilienart *(Athamantha macedonica)*.

268   *Allium sp.*, eine Knoblauchart.

269   *Anethum graveolens*, der duftende Dill, eine begehrte Gewürzpflanze.

270   *Muscari macrocarpum*, eine nur auf den ägäischen Inseln vorkommende asiatische Traubenhyazinthenart, die durch ihren moschusartigen Wohlgeruch auffällt.

271   *Bellevalia ciliata*, eine der Traubenhyazinthe verwandte Art.

272   *Amanita muscari*, der Fliegenpilz. Nach Meinung der Alten waren Pilze giftig, wenn sie in Schlupfwinkeln der Schlangen wuchsen.

272

273

274

276

275

277

273   Beim Schopftintling *(Coprinus comatus)* zerfallen die Lamellen sehr rasch und scheiden eine schwarze Flüssigkeit aus, die als Tinte verwendet werden kann.
274   Plinius waren die eßbaren Pilze wie diese Morchel als vortreffliche Speise bekannt.
275   Das plötzliche Auftauchen der Pilze im feuchten Untergehölz betrachteten die Alten als Scherze der Natur.
276   Der Wetterstern *(Geaster hygrometricus)* breitet sich bei feuchtem Wetter sternförmig auf dem Boden aus.
277   Bei Trockenheit rollt sich der Wetterstern zu einem harten Ball zusammen.

Die Quitte ist auch als der Apfel von Milos anzusehen, der die
266 Münzen dieser Kykladeninsel zierte. Solche Münzsymbole spielten
in der Antike meistens auf den Namen der Stadt durch eine entsprechende Darstellung aus der Umwelt an. So wurde als Münzbild der
Stadt Milos ›melo‹, die Quitte, gewählt. Durch die Wahl der Frucht
spiegelt sich gleichzeitig die Hingebung zu derjenigen Gottheit wieder, der diese Frucht heilig ist. Im Falle von Milos ist die Zugehörigkeit zu der Göttin Aphrodite, deren berühmtes Kultbild in der antiken Stadt gefunden wurde, unzweideutig. Auf der Rückseite der
Münzen erscheint ein Widderkopf, der wiederum auf den Namen
der Stadt anspielt, denn ›melon‹ hieß im Altgriechischen auch das
Schaf.

285 Die Kakipflaume *(Diospyros kaki)* wird von den modernen Griechen vielfach mit der ihr verwandten Dattelpflaume mit dem wissenschaftlichen Namen *Diospyros lotus* verwechselt und als Lotosbaum
bezeichnet. Die großen, fleischigen, orangefarbenen Früchte, die
dem Baum im Spätherbst nach dem Blattabwurf einen besonderen
Reiz verleihen, sind tatsächlich geeignet, an das Land der Lotophagen denken zu lassen, wo Odysseus und seine Gefährten von der
Süße der ihnen dort dargereichten Frucht übermannt wurden. Unter
der Lotosfrucht des Odysseus haben wir uns aber wahrscheinlich
ein Kreuzdorngewächs vorzustellen, wie dieses noch heute in Nordafrika wild vorkommt, aber nicht bis Griechenland vordringt.

Die Kakipflaume ist im westlichen Asien heimisch und dürfte
schon sehr früh in Griechenland angesiedelt worden sein.

Neben diesen Wildfrüchten und -gemüsen waren freilich die verschiedenen Getreidearten ein wesentlicher Bestandteil der menschlichen Ernährung, weshalb gerade diese der besonderen Obhut der
Demeter bedurften. Wenn wir uns vergegenwärtigen, daß die alten
Arkader sich aus Eicheln und gerösteten Wurzelknollen der Asphodele ernährten, so war die Einführung von Gerstenbrei, der ›maza‹
Homers, sicher schon ein großer kulinarischer Fortschritt. Man be-
gnügte sich vielfach auch mit gerösteten Gerstenkörnern, denn das
Mahlen des Getreides von Hand zwischen zwei flachen Steinen war
sehr mühevoll. Später wurde aus grob gemahlener Gerste eine Art
Fladen hergestellt, das älteste Brot in unserem Sinn, das auf heißen
Steinen gebacken wurde. Aber auch die Kuchenbäckerei zur Her-
stellung von Backwerk mit Zusätzen von Honig, Käse und vielerlei
Gewürzen brachte es mit der Zeit zu großer Vollkommenheit. Von

den 15 Weizenarten ist nur das einkörnige, wenig ertragreiche *Triticum boeoticum* in Griechenland wildwachsend. Dafür wurden schon in prähistorischer Zeit importierte Weizenarten kultiviert. Das Dreschen des Korns erfolgte auf gepflasterten Dreschplätzen, wie sie noch in der Neuzeit bekannt sind. Auf diesen Plätzen wurden Rinder oder Pferde über die Garben getrieben, um die Frucht vom Stroh zu trennen. Die gedroschenen Körner wurden dann geworfelt, d. h. gegen den Wind geworfen, der Spreu und Staub zurückwehte, während die Samen in der Wurfrichtung niederfielen. 291

278

278 Das »Worfeln« des Getreides, wie es in ländlichen Gegenden vereinzelt noch heute praktiziert wird.

Zum täglichen Speisezettel der Griechen gehörten auch die Hülsenfrüchte. Neben Bohnen und Linsen gilt seit alters her die Kichererbse als wertvolle Nahrung und ist bereits Homer (Il.13.589) unter dem Namen ›erevynthos‹ bekannt. Die Pflanze dürfte in Urzeiten aus Asien eingeführt worden sein. Dank ihrer großen Widerstandskraft gegen die Trockenheit liefert die Kichererbse bei nur zweimaligem Wässern während der ganzen Vegetationsperiode Erträge bis zu 12 kg pro Ar. Mit 86% Nährstoffen gilt sie noch heute als eine der kalorienreichsten Hülsenfrüchte und wird gekocht oder geröstet verzehrt. Dies bezeugte bereits Theophrast (2.4.2), der im übrigen wie die heutigen Kochbücher empfiehlt, die Früchte vor dem Kochen eine Nacht einzuweichen, damit sie nicht hart werden und schwer im Magen liegen. 297

279 Die Blüte der wilden Mandel *(Prunus webbii)*.

280 *Prunus domestica*, die Mirabelle.

281 *Pyrus amygdaliformis*, die Holzbirne.

282 Die Mirabelle war bei den Alten eine beliebte Frucht.

283 *Prunus spinosa*, die Schlehe, gehörte bei den Alten ebenfalls zu den eßbaren Früchten.

284 Die Kirsche *(Prunus avium)* wurde im 3. Jahrhundert v. Chr. aus Kleinasien in Griechenland eingeführt.

285

286

87

288

89

285   Die Kakipflaume *(Diospyros kaki)*, deren
Früchte fälschlicherweise oft als die süßen Äpfel im
Lande der Lotophagen angesehen werden.
286   Der Granatapfelbaum *(Punica granatum)*.
287   Am Zitronenbaum *(Citrus limon)* erscheinen Blüten und Früchte gleichzeitig.
288   Quittenblüte, *Cydonia oblonga*.
289   *Castanea sativa*, die Zeuseichel der Alten.

145

Unter den wild oder verwildert vorkommenden Leguminosen hat die Lupine als Nahrungsmittel für Mensch und Tier eine gewisse Rolle gespielt. Dioskurides kannte deren zwei Arten, eine süße und eine bittere, die beide auch Heilwirkungen besaßen. Bei Athenaeus (2.55) sind Lupinen wie Kichererbsen eine Speise für Hungernde. Tatsächlich hießen die Bewohner der Halbinsel Mani in der Peloponnes, die für ihre besondere Armut bekannt waren, noch im 19. Jahrhundert Lupinenesser. Von der Bitterkeit der Lupine zeugt eine Geschichte, die man von Zenon von Kition, dem berühmten Stifter der stoischen Schule, erzählt. Von mürrischem Charakter, aber freundlich wenn er Wein getrunken hatte, verglich sich Zenon mit der Lupine, die ihre Bitterkeit verliere, wenn sie in Feuchtigkeit getaucht werde.

Lupinen gehörten auch zur besonderen Kost der Besucher des Totenorakels am Acheron, bevor diese die Seelen der Toten anrufen durften und in den engen Gängen des labyrinthartigen Heiligtums durch eine strenge Diät psychisch auf die Kommunikation mit der Unterwelt vorbereitet wurden. Der Genuß der alkaloidhaltigen Lupinenkerne verursachte bei den Pilgern den von den Priestern gewünschten Rauschzustand und verminderte das Empfindungsvermögen, für den Eingeweihten die nötigen Voraussetzungen, um eine echte Kommunikation mit den Schattenbildern der Verstorbenen vorzutäuschen.

Eine andere sehr nahrhafte Frucht, die schon früh in Griechenland eingeführt wurde, wenn sie nicht überhaupt schon in Kreta und Rhodos heimisch war, ist der Johannisbrotbaum *(Ceratonia siliqua)*. Der deutsche Name ist auf Johannes den Täufer zurückzuführen, der sich bei seinem Aufenthalt in der Wüste außer von Heuschrecken und Honig auch von den nahrhaften Hülsen des Johannisbrotbaumes ernährt haben soll. Der lateinische Name ist der Schotenform entsprechend vom griechischen ›keraton‹, Horn, abzuleiten. Die getrockneten Samen dienten in Afrika zum Abwiegen von Gewürzen und in Indien von Gold und Diamanten. Daraus ist das Wort »Karat« abgeleitet, die noch heute gültige Gewichtsbezeichnung für Edelsteine. Tatsächlich bewegt sich das Gewicht der Samenkörner des Johannisbrotbaums mit großer Genauigkeit zwischen 189 und 205 Milligramm; ein Karat ist heute auf 200 Milligramm festgelegt.

Plinius kannte die stark zuckerhaltigen Hülsen des Johannisbrotbaums als Schweinefutter. Theophrast beschreibt den Baum sehr ausführlich (4.2.4), wahrscheinlich weil ihn seine Leser damals noch nicht aus eigener Anschauung kannten. Mit der ihm eigenen Gründlichkeit bemerkte Theophrast, daß die Früchte aus dem Stamm treiben, dies weil die bis 10 cm langen Blütenrispen aus den Blattachseln oder sehr oft auch aus den Ästen oder dem Stamm sprießen. 292

290   Die Kultur des Ölbaums reicht in homerische Zeiten zurück. Alter Ölbaum in einem Bauerngarten auf Rhodos.

Die wichtigste Leitpflanze der mediterranen Kulturflora ist der Ölbaum. Er wurde Athen von deren Schutzgöttin als eine der ältesten Kulturpflanzen im Mittelmeer geschenkt. Bereits auf den Wandmalereien von Knossos sind Ölbäume dargestellt. Sie tragen wesentlich zum Reichtum Athens in perikleischer Zeit bei. Mit Olivenöl wurde das eingeführte Getreide bezahlt. Das Öl galt als so wertvoll, daß der Staat sich das Ausfuhrmonopol sicherte. Solon ging so weit, in einem Sondergesetz den bei der Neupflanzung von Olivenbäumen einzuhaltenden minimalen Abstand vorzuschreiben, um eine erfolgreiche Ernte zu sichern. Dem Volk diente die Olive zu verschiedenen Zwecken: Die erste Pressung lieferte das Speiseöl, die zweite diente zur Herstellung von Salben und die dritte zu Beleuchtungszwecken.
Homer kannte aus eigener Anschauung wahrscheinlich nur den wilden Ölbaum *(Olea europaea),* auf den die Kulturformen noch

298
299

301

292

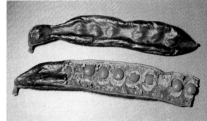

291

293

291 Dreschplatz, wie er schon im Altertum für die Trennung des Korns von der Spreu verwendet wurde.
292 Der Johannisbrotbaum *(Ceratonia siliqua)* mit seinen seltsamen Blütenansätzen.
293 Hülse des Johannisbrotbaums.
294 Das Gewicht des Johannisbrotsamens entspricht dem Karat und wurde früher zum Wiegen von Gold und Edelsteinen verwendet.

294

295 Die einheimischen Getreidearten sind wenig ertragreich, so daß die kultivierten Weizenarten schon in prähistorischen Zeiten zur Ernährung von Mensch und Tier eingeführt werden mußten.
296 *Astragalus lusitanicus subsp. orientalis,* eine Leguminosenart.
297 *Cicer arietinum,* die im Altertum viel verwendete Kichererbse.

295

296

297

298 Der mehrere Millionen Bäume zählende Olivenhain in der Ebene von Itea.
299 Olivenhain auf Korfu, im Hintergrund das albanische Festland.
300 Oliven waren seit jeher eine wichtige Volksnahrung.
301 Typische Gefäße, die in der Antike für Olivenöl dienten. Links Aryballos, von Athleten am Handgelenk getragen, Mitte Pyxis (Salbgefäß), rechts Öllampe.
302 Der Weinstock überdauert auch große Trockenperioden.
303 In Korinth werden die Trauben an der Sonne getrocknet. Getrocknete Weintrauben waren schon im Altertum eine wichtige Nahrung.

304 Sarkophag aus Mistra mit einer Weinernte-Darstellung.

304

heute aufgepfropft werden. Die kultivierte Form kam aus dem südlichen Vorderasien, wo die semitischen Völker den Ölbaum frühzeitig veredelt hatten. Von den ersten Kulturen an der ionischen Küste hat uns Homer (Il.17.53) Kunde hinterlassen.

Das Erscheinen des Weins als selbstverständliches Getränk datiert die archäologische Forschung spätestens in das Jahr 2000 v.Chr. Vorher war der Wein schon in China und Ägypten bekannt. In Griechenland wird er erstmals von Homer erwähnt. Achilles gab bei Hephästus einen Schild in Auftrag mit dem Relief eines Weingartens: »Golden die Ranke, schwarz die Traube, silbern die Pfähle, die die Rebe stützen« ... (Il. 18.562). Völker, die den Weinbau nicht kennen, betrachtet Homer als Barbaren.

Die Entstehungsgeschichte des Weins verliert sich in grauer Vorzeit. Die ersten Rebstöcke soll Dionysos einem von ihm geliebten jungen Mann namens ›Ambelos‹ geschenkt haben, Sohn eines Satyrs und einer Nymphe. Nach einer anderen Sage habe Dionysos den ersten Weinstock dem König von Kalydon, Oineus, geschenkt, worauf der Name für Wein ›oinos‹, zurückzuführen sei. In allen diesen Legenden besaß der Wein magische Kraft. Die alkoholische Gärung war eher ein Produkt des Zufalls und schuf dadurch die Beziehung zwischen Wein und Gott.

Wo immer bei Homer von der Nahrung die Rede ist, wird Wein als das selbstverständliche flüssige Komplement angeführt. Pures Wasser wird selten getrunken, aber dafür umsomehr dem Wein beigemischt. Das richtige Mischungsverhältnis war drei Teile Wasser für einen Teil Wein, was erlaubte, den klimatisch bedingten hohen Flüssigkeitsbedarf ohne Nebenerscheinungen zu decken. Die Qualitäten wurden wie heute nach Provenienzen und roten, weißen, schweren oder leichten Weinen unterschieden. Besonders geschätzt waren schon damals die Sorten, die kein Kopfweh erzeugen (Athenaeus 1.31). Für die Damen gab es alkoholfreie Getränke. So trinkt Demeter keinen Wein, sondern ›kykeon‹, eine Mischung von Wasser mit Gerstenmehl und Minze.

Die kostbarsten Weine kamen aus Chios, Thasos, Rhodos und Sikyon. Statt einer Gärung kochte man den Traubensaft zur Konservierung auch ein oder gab Salz bei. Es wurden ihm aromatische Kräuter wie Rosenblätter, Veilchen, Myrten, Anis, Thymian oder auch Honig beigesetzt. Kiefernharz war ebenfalls ein Aromat und diente gleichzeitig zur Konservierung. Außer bei Dioskurides kommt jedoch geharzter Wein bei keinem anderen Schriftsteller vor. Trotzdem erscheint es wahrscheinlich, daß der heute noch beliebte ›retsina‹ schon im Altertum bekannt war, worauf vielleicht auch der dem Dionysos geweihte Kiefernzapfen am oberen Ende des Thyr- 97 sosstabes hinweist. Wie uns Dioskurides (5.43) berichtet, werden geharzte Weine von verschiedenen Völkern zubereitet, besonders dort, wo wegen der Kälte die Weintraube nicht zur Reife gelangt und der Wein ohne die Beimischung von Kiefernharz sauer werden wür- de. Bei diesen Völkern werde das Harz mit der Rinde von den Bäu- men abgeschnitten und dem Wein in einer Amphore beigemischt, also nicht wie heute durch Anzapfen der Stämme gewonnen, wo- durch der bekannte Harzfluß bewirkt wird. Die mit Harz versetzten 52 Weine empfiehlt Dioskurides als verdauungsfördernd.

In getrocknetem Zustand galten Weintrauben als eine vorzügliche 303 Nahrung. Nicht weniger wichtig waren die Feigen. Ein Ölbaum, ein Weinstock und ein Feigenbaum waren in alten Zeiten zusammen mit einem Brunnen Süßwasser alles was für einen glücklichen Haus- stand gebraucht wurde. So werden auch in der Bibel diese drei Güter immer und immer wieder als Symbole für Frieden und Überfluß er- wähnt.

In Athen hatte Demeter den Feigenbaum aus dem Boden sprießen lassen wie bei anderer Gelegenheit Athene den Ölbaum. Darum ge- hörten in Athen Oliven, Trauben und Feigen zum selbstverständli- chen täglichen Lebensbedürfnis. Kein geringerer als Platon hatte den Übernamen ›filosikos‹, Feigenfreund, erhalten. Athenaeus (14.651) widmet in seinen Tischgesprächen den getrockneten Feigen ein eige- 307 nes Kapitel. So sollen einst dem Perserkönig Xerxes als besonderer Leckerbissen attische Feigen vorgesetzt worden sein, worauf dieser beschloß, das Land wo sie wüchsen zu erobern.

Der komplizierte Befruchtungsvorgang bei der Feige durch Be- hängung der blühenden Eßfeige mit den gallwespenhaltigen Blüten- behältern der zwischen Steinen und auf Mauern wildwachsenden Bocks- oder Geißfeige war schon Herodot bekannt. Auch Theo- 308 phrast (2.2.4) untersuchte diese Besonderheit der Natur.

Zuweilen fand die vegetarische Ernährung des Menschen eine willkommene Ergänzung durch Jagdbeute. Zu den auch damals spärlichen Jagdtieren gehörten wie heute verschiedene Vogelarten. Man ging mit Netz und Leimruten auf den Vogelfang und bediente sich dabei allerlei Köder. Einer dieser Köder dürften die süßen Bee-

151

305

306

307

308

305   Die Beeren der Eberesche *(Sorbus aucuparia)* wurden als Köder im Vogelfang eingesetzt.

306   Labkraut *(Galium sp.)*, mit dem man die Milch zum Gerinnen brachte.

307   Dank ihres großen Zuckergehaltes waren auch getrocknete Feigen ein wichtiges Nahrungsmittel.

308   Aus dem Dach der byzantinischen Kirche Panaghia Portes bei Trikkala (Thessalien) wächst eine Geißfeige, die die gallwespenhaltigen Blütenbehälter zur Befruchtung der Eßfeige liefert.

310

309 Heute wie damals strebten die Menschen durch Veredlung ihrer Textilien nach Schönheit und Ausgewogenheit ihrer Bekleidung. Frauen von Metsovo in ihren farbenprächtigen Trachten auf dem Kirchgang.

312

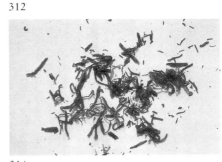

13   314

310   *Helianthemum nummularium.*
311   Wollgewebe wurden mit der Kardendistel aufgerauht (vorne links. Dahinter zum Vergleich ein künstlicher Rauhzylinder, wie er in modernen Maschinen Verwendung findet).
312   *Linum leucanthum,* die weißblütige Leinenpflanze.
313   *Crocus sativus cartwrightianus,* die Wildform des Safrankrokus.
314   Die Stigmata des Safrankrokus, aus denen der begehrte gelbe Farbstoff gewonnen wird.

305 ren der Eberesche *(Sorbus aucuparia)* gewesen sein, eine der fünf in Griechenland wild vorkommenden Arten dieser Gattung.

Als die Ansprüche des Menschen weiter stiegen, erschienen die Nomaden, die die Tiere zähmten und sich Herden hielten. Bei der Viehzucht stellte weniger das Fleisch als die Milch zur Käseherstellung ein wichtiges Nahrungsmittel dar. Die Milch brachte man mit Feigenlab zum Gerinnen. Dioskurides (4.95) kennt aber auch eine Pflanze namens ›galation‹, kleine Milch, worunter er das Labkraut 306 *(Galium verum)* versteht. Die Pflanze enthält ein die Milch zum Gerinnen bringendes Ferment, das früher aus den Blütenständen gewonnen wurde.

Die Pflanzen im Dienste des Handwerks

Zu den wichtigsten gewerblichen Tätigkeiten der alten Griechen gehörte zweifellos die Textiltechnik. Athene, Beschützerin des Handwerks und der Künste, hatte den Webstuhl erdacht. Die Göttin war so stolz auf ihre Webkunst, daß sie Arachne, Tochter eines ionischen Purpurfärbers, die mit ihr wetteifern wollte, in eine Spinne verwan-315 delte. Seither heißt bei den Griechen die Spinne ›arachne‹.

315   Arachne, die Spinne,
wetteiferte mit Athene
in der Kunst des Webens.

Von der Meisterschaft der griechischen Frauen im Spinnen und Weben erzählt bereits Homer. Der Drang zur Schöpfung neuer Ma-309 terialien und zur Verschönerung irdischen Daseins lag wohl zu allen Zeiten im Bestreben des Menschen.

Sehen wir von der Seide ab, über deren Produktion und Verarbeitung wir im vorbyzantinischen Griechenland wenig wissen, so wurde im Altertum neben der Schafwolle nur der Flachs in der Textiltechnik verwendet. Die mazedonischen Heere Alexanders des Großen lernten zwar am Indus die Baumwolle kennen, aber der Anbau dieser Pflanze im Lande der Griechen ließ bis ins 10. Jahrhundert n. Chr. auf sich warten. Die auf die Ägypter zurückgehende Kultur der Leinenpflanze ist durch Samenkörnerfunde aus der frühen Lernazeit und durch Angaben über die Flachsverarbeitung auf Schrifttafeln aus Pylos bezeugt. Bei Homer finden Leinengewebe zur Herstellung von Kleidern, Segeln und Fischernetzen Verwendung. Die unter der Rinde des Stengels liegenden Flachsfasern werden gerauht, an der Sonne getrocknet, dann in Wasser aufgeweicht, gebrochen, gehechelt und gesponnen. Nach dem Weben wurde der Stoff gebleicht, wozu man Mohnsaft verwendete.

Plinius war über die Eigenschaften des Leinens als Geschenk der Natur des Lobes voll. Kühn und verwegen sei der Mensch, sich die Eigenschaften einer Pflanze zunutze gemacht zu haben, um mit dem Produkt eines unscheinbaren Samens die Segel der Schiffe so groß werden zu lassen, daß man damit in zwei Tagen von Afrika nach Asien segeln könne.

In der Kleidermode gaben die Ionier dem Leinen den Vorzug, während die Dorier sich der schwereren Wollkleidung bedienten. Um sie geschmeidiger zu machen, wurden die gewebten Wollstoffe gewalkt. Nachher wurden sie aufgerauht, wozu man ein Igelfell oder die stachelbewehrten Blütenkolben gewisser Distelarten benutzte. 311

Die zu textilen Zwecken verwendete Leinenart wird heute in Griechenland nicht mehr angebaut. Die griechische Flora kennt aber mehr als zehn wildwachsende Arten der gleichen Gattung, die sich 312 durch die Zartheit ihrer Blüten auszeichnen.

Schon sehr früh hatten die Griechen das Bedürfnis, ihre Gespinste und Gewebe in leuchtenden Farben erglänzen zu lassen. Plinius (9.133) gibt eine genaue Beschreibung des Färbeprozesses, für den eine ganze Reihe von Pflanzen verwendet wurden. Andere Pflanzen gaben den Salben und Schminken für die Damen die gewünschte Farbe oder man fertigte aus Nußschalen ein schwarzes Färbemittel für die Haare. Auch in der Ledergerberei waren pflanzliche Produkte, wie die Rinde von Koniferen, die Blätter des Perückenstrauchs oder die Galläpfel der Eiche, von großer Bedeutung.

Zu den wichtigsten Pflanzenfarbstoffen gehörte der Safrankrokus *(Crocus sativus)*. Sowohl zur Zubereitung des Safrans als beliebtes

316   Das einen roten Farbstoff enthaltende Rhizom der Schminkwurz *(Alkanna tinctoria).*

317   Mit der Färberröte *(Rubia sp.)* erzielte man eine schöne hellbraune Färbung.

318   Die Galläpfel der Kermeseiche nach dem Ausschlüpfen der Larven der Kermes-Schildlaus.

319   Das Perückenstrauchholz *(Cotinus coggygria)* lieferte gelben Farbstoff.

320   Färbeversuch mit *Rubia tinctoria.*

321   *Alkanna graeca,* eine gelbe Art der Alkannawurzel.

322 Aus den seltsamen Gallbildungen der Terpentinpistazie *(Pistacia terebin-thus)* wurde ein gelber Farbstoff gewonnen.

323 *Pistacia lentiscus*, die klebrige Pistazie, lieferte das für kosmetische Zwecke gebrauchte weiße Harz.

324 Auch den Flechten wurden Farbstoffe entzogen. Auf dem Bild *Xanthoria sp.*

325 Binsenginster *(Spartium junceum)*.

326 Der Färberwaid *(Isatis tinctoria)* lieferte eine blaue Farbe.

327 Die Spatzenzunge *(Thymelaea tartonraira)*, aus der man Schiffsseile verfertigte.

Gewürz, als auch zum Färben von Textilien, dienten die scharlach-
314 farbenen Stigmata der Blüte, die ein leuchtendes Safrangelb ergeben.
»Eos im Safrangewand stieg auf aus Okeanos' Fluten, Göttern und
Sterblichen die Leuchte des Tages zu bringen«, so beschrieb Homer
die leuchtende Morgenröte (Il. 19.1).

Der eigentliche Safrankrokus ist ein Bewohner Kleinasiens und
der Ufer des Kaspischen Meeres, wo er bis in die Neuzeit für die Tep-
pichweberei auch angebaut wurde. In Griechenland kommt nur die
313 Unterart *Crocus sativus cartwrightianus* wild vor und ist endemisch.
Wenn man bedenkt, daß zur Zubereitung von einem Kilogramm getrocknetem Safran für die Färberei die Stigmata von 100 000 bis
140 000 Blüten nötig sind, so erscheint es unwahrscheinlich, daß den
alten Griechen je solche Mengen dieser Zwiebelpflanze zur Verfügung standen, es sei denn, sie hätten sie aus Kleinasien importiert.

Gelb wurde auch mit dem Holz des Perückenstrauchs *(Cotinus*
319 *coggygria)* gefärbt, das die modernen Griechen seiner schönen Farbe
wegen als ›chryssoxylo‹, goldenes Holz, bezeichnen. Eine schöne
hellbraune Farbe erzielte man mit der Wurzel der Färberröte *(Rubia*
317, 320 *tinctoria)*, einer mehrjährigen Kletterpflanze mit quirligen Blättern
und achselständigen Blüten.

Eine beliebte Farbe war rot, die man aus den Wurzeln verschiedener Pflanzen gewann. Zum Färben von Wolle war die ›anchousa‹ des
316 Dioskourides (4.23) *(Alkanna tinctoria)* besonders beliebt. Die Wurzel dieser Pflanze gibt einen derart konzentrierten roten Farbstoff ab,
daß der Lexikograph Hesychius aus Alexandrien, Verfasser eines Le-
xikons mit seltenen, nicht nachweisbaren Wörtern der alten Autoren
aus dem 6. Jahrhundert n. Chr., das Wort ›anchousizesthai‹, sich »an-
chusieren«, in der Weise analysiert, daß darunter »die Wangen mit
Anchusa schminken« verstanden sein soll.

Eine der ältesten von Homer erwähnten Farben ist der Scharlach,
dem neben dem Farbstoff aus der Purpurschnecke eine wichtige wirt-
schaftliche Bedeutung zukam. Die Scharlachfärbereien von Sardis in
Lydien waren so berühmt, daß der Begriff »rote Brühe von Sardis«
sprichwörtlich geworden war. Der rote Farbstoff wird aus dem träch-
tigen Weibchen der Kermesschildlaus gewonnen. Theophrast
(3.7.3) kannte schon genau die Galläpfel der Kermeseiche *(Quercus*
318 *coccifera)*, die durch diese Insekten erzeugt werden, während Dioskurides (4.48) von den auf Eichen wachsenden »Beeren« spricht, die
astringierende Kraft haben. Pausanias (10.36.2) erwähnt für die

Landschaft Phokis das Färben der Wolle mit dem »Blut der Kermes-laus«. Der Scharlachfarbstoff wird in einem Essigbad hergestellt, dem man die zuvor von den Blättern der Kermeseiche abgestreiften Insekten beigibt. Man färbte damit Wolle, Leder und importierte Seidenstoffe. Da es ein teurer Farbstoff war, blieb der Scharlach den Reichen vorbehalten. Durch Plutarch ist überliefert, daß Theseus auf der Fahrt nach Kreta zur Bezwingung des Minotaurus ein mit Scharlach gefärbtes Segel benutzte. In Sparta waren die Färber allgemein verpönt, weil sie der Wolle ihre schöne weiße Farbe nahmen und damit die Natur betrogen. Später ließen jedoch die Spartaner ihre Kriegsgewänder mit Scharlach färben, damit die Blutflecken darauf weniger sichtbar seien.

Die violett und gelb schimmernden Gallbildungen der Terpentin-pistazie *(Pistacia terebinthus)*, jene seltsamen hornförmigen Gebilde, 322 die im Winter diesen Strauch bedecken und den Alten natürlich aufgefallen waren, ergaben einen tief gelben Farbstoff, mit dem aus dem Orient eingeführte Seidenstoffe gefärbt wurden. Eine andere Art der in der griechischen Macchie reich vertretenen Pistaziengattung, der immergrüne Mastixstrauch *(Pistacia lentiscus)*, lieferte das 323 von Dioskurides (1.91) gerühmte weiße, durchsichtige Harz, das er für kosmetische Zwecke zum Zusammenkleben der Augenlider empfahl. In der Neuzeit wird auf der Insel Chios aus einer Unterart dieses Strauches das zur Aromatisierung von Kaugummi verwendete Mastixharz gewonnen, das schon früher in den arabischen Harems zur Frischhaltung des Atems gebraucht wurde. Laut Reiseberichten aus dem 18. Jahrhundert beanspruchte der Sultan die Hälfte der Ernte für sich, damals 125 Tonnen jährlich, wovon der größte Teil im Serail zu Konstantinopel verbraucht wurde.

Den Bedarf an Blaufärbungen deckte der Färberwaid *(Isatis tincto-* 326 *ria).* Der Farbstoff wurde aus den fermentierten Blüten gewonnen. Herodot (1.203) berichtet von seiner Reise in den Kaukasus, daß die dortigen Völkerstämme sich von wilden Früchten ernähren und aus mit Wasser vermischten zerriebenen Blättern einen Farbstoff herstellen, mit dem sie ihre Gewänder bemalen. Diese Farben seien derart echt, daß sie durch Waschen nicht verloren gingen und erst mit dem Stoff altern, als wären sie hineingewebt. Offenbar handelt es sich auch hier um den Färberwaid, Vorgänger des ostasiatischen Indigo, der die von Herodot beschriebene Eigenschaft der Unlöslichkeit in Wasser besitzt.

328

329

330

331

332

333

328   *Colchicum bowlesianum*, eine in Griechenland endemische Herbstzeitlose, mit Wildbiene.
329   Kalzinierte Reste von Honigspenden im Bereich des Totenorakels am Acheron (dunkle Klumpen auf der modernen Einfriedungsmauer des heiligen Bezirks).

330   *Campanula incurva*, eine endemische Glockenblumenart.
331   Die Veilchen *(Viola sp.)* gehören zu den von den Bienen bevorzugten Frühlingsblühern.

332   *Cistus salvifolius*, eine besonders reich blühende weiße Zistrosenart.
333   Frühlingswiese in der südlichen Peloponnes.

334   Laut einer der zahlreichen Mythen wuchs die Rose dort aus der Erde, wo diese von Aphrodite mit einem Nektartropfen benetzt wurde.

335   *Campanula persicifolia*, die pfirsichblättrige Glockenblume.

336   *Glaucium corniculatum*, eine Hornmohnart.

337   *Melittis melissophyllum*, das Immenblatt, eine eher seltene Pflanze der Bergwälder, die von den Bienen gerne aufgesucht wird, wie schon ihr Name ausdrückt.

Den Alten waren auch die Flechten *(Lichenes)* als Spender von
324 Farbstoffen nicht verborgen geblieben. Bei Dioskurides (1.20, 4.53)
gelten sie als wichtige Arzneimittel, sind aber nicht mit Sicherheit
identifizierbar. Die Vielgestaltigkeit und die seltsamen Formen der
Baumstämme, Gestein, altes Gemäuer und Hausdächer bewohnen-
den Flechten waren schon Theophrast aufgefallen. Als Botaniker
vermißte er aber in ihnen die Systematik der ihm bekannten Blüten-
pflanzen und gelangte zur Einsicht, daß bei solcher Verschiedenheit
selbst eine allgemeine Beschreibung dieser Pflanze unmöglich sei.
Nach den neuesten Forschungsergebnissen verdanken die Flechten
ihre eigenwilligen Formen und Lebensgewohnheiten einer Symbiose
zwischen Pilzen und Algen. Berücksichtigt man, daß sie auch wichtige Bioindikatoren sind, daß ihr Vorkommen oder Fehlen die Qualität der Luft anzeigt, so ist anzunehmen, daß die alten Griechen etliche Flechtenarten kannten, die heute zufolge der Schädigungen der
Luft als ausgerottet gelten müssen. Wie die schottischen Harris
Tweed-Stoffe noch heute mit Flechten gefärbt werden, so benutzten
auch die Alten gewisse heute vielleicht ausgestorbene Flechtenarten
zum Färben der purpurnen Bänder, mit denen die jungen Frauen ihre
Haare banden.

Mancherlei Pflanzen fanden in der Technik der Griechen auch an-
derweitige Verwendung. Die zähen Zweige des Binsenginsters
325 *(Spartium juncteum)* dienten ihnen zum Anbinden der Weinreben.
Die Hirten flochten aus den gewässerten und an der Sonne getrockneten Sprossen ihr Schuhwerk und ihre Mäntel. Die festen Fibern der
327 Äste der Spatzenzunge *(Thymelaea sp.)* dienten zur Herstellung von
Schiffsseilen. Bei diesem stark verzweigten, von Oktober bis Mai
blühenden Strauch, mit seinen wollig-weißen Blättern, handelt es
sich um das weiße ›kneoron‹ des Theophrast (6.2.2), dessen Zähig-
keit und lange Blütezeit während des ganzen Winters er hervorhebt.

Ambrosia und Nektar

Ambrosia war die Kost der Unsterblichen, Nektar der süße Honig-
tau, an dem sich die Götter labten. Auf dem Berge Ida ernährten die
Ziege Amaltheia und Melissa, die Biene, den jungen Zeus mit Milch
und Honig.

Das Sammeln von Wildhonig ist schon für die Ägypter bezeugt.
Die Kunst, Bienenvölker einzufangen, ihren Standort zu bestimmen

und sie zuchtmäßig zu hegen, war im griechischen Raum bereits vor Homer bekannt. Mykenische Schriftzeichen sprechen verschiedentlich von Honig in Amphoren, also in ansehnlichen Mengen, als Zuteilung an Personen oder als Opfergaben an die Götter. Den Toten gab man ein Stück Honigkuchen für den Höllenhund mit. Im Totenorakel am Acheron fand man große Mengen von Honig als Opfergaben, die nach Inbrandsetzung des Heiligtums durch die Römer als kalzinierte Reste erhalten geblieben sind. Kein geringerer als Odysseus opferte dort den Göttern der Unterwelt Honig und Milch, als Kirke ihm bedeutete, die Seele des Sehers Teiresias nach seiner Zukunft zu befragen. In der homerischen Dichtung sind die Begriffe »süß«, »lieblich«, vom Wort Honig abgeleitet, und Biene, ›melissa‹, war der Ausdruck für feinste Dichtung. Auf Pindars, Sophokles' und Platos Lippen sollen sich einst Bienen gesetzt und ihrer Dichtung Ausdruck und Klang verliehen haben.

Auch den Menschen war zu allen Zeiten der Honig einziges Mittel zum Süßen und damit ein wichtiger Bestandteil ihrer Ernährung. Der arkadische König Aristaios, Sohn des Apollo und der Nymphe Kyrene, vom Kentauren Chiron auf dem wald- und blumenreichen Berge Pilion erzogen, soll als erster die Menschen den Honigbau gelehrt haben. Der Kyprier Aristomachos befaßte sich 58 Jahre lang mit dem Leben der Bienen und verglich diese mit dem Menschen. Sie leben gesellig, stellte er damals schon fest, haben eine Verfassung, einen eigenen Herd und gemeinsamen Besitz, üben Gerechtigkeit und sind monarchisch regiert; sie sind fleißig und tapfer, äußerlich reinlich und meiden Fleischkost wie strenge Pythagoräer, die sich mit Brot und Honig begnügen. Spätere biologische Untersuchungen bestätigten die für die damalige Zeit erstaunliche Feststellung, daß die kretischen Bienen zum Schutz gegen den starken Wind einen Stein bei sich trügen. Es handelt sich nach unserem heutigen Wissen hier ganz einfach um die Mörtelbiene *(Chalicodoma muraria)*, die zum Bau ihrer Waben Mörtelpartikel herbeiträgt.

Die Bienen, welche nach Meinung der Alten das Wachs aus dem Blütenstaub und den Honig aus der Luft in die Stöcke tragen, bildeten den Übergang zum Weidevieh. Man pflanzte schon damals für die Bienen spezielle Futterpflanzen, wie Klee, Glockenblumen, Anemonen, Rosen, Mohn, Veilchen, verschiedene Thymianarten und Strauchgewächse oder führte die aus Weiden oder Ton verfertigten Stöcke in den Frühlingswald. Den besten und süßesten Honig

329

330–343
345

338 Schneckenklee *(Medicago arborea)*, das medische Gras des Theophrast, das während der medischen Kriege aus Persien in Griechenland eingeführt wurde und eine geschätzte Futterpflanze für Vieh und Bienen war.

338

339 *Berberis cretica*, die kretische Berberitze.

33

340 *Phlomis fruticosa*, das strauchige Brandkraut, ein Lippenblütler mit weißfilzigen Blättern, der im Mai mit seinen gelben Blüten weite Landstriche belebt und für die Bienen sehr ertragreich ist.

340

341 Der Dornginster *(Calycotome villosa)* ist ein typischer Vertreter der griechischen Macchie und liefert den Bienen süßen Nektar.

343

345

342 Die himmelblauen Blüten des Boretsch *(Borago officinalis)* gelten als ausgezeichnete Bienenweide.

343 *Coridothymus capitatus,* eine der zahlreichen Thymianarten.

344 *Rhododendron luteum,* dessen Nektar für Mensch und Tier giftig ist.

345 *Nepeta nuda,* die Katzenminze, ein sehr essenzhaltiges Kraut auf alpinen Weiden, das die Römer dazu benutzten, ihre Schafe zum Niesen zu bringen, wenn sie verschleimt waren.

346 Form und Material der Bienenkörbe sind über die Jahrtausende gleich geblieben.

346

lieferte Attika, wo er bis ins späte Altertum wichtiger Ausfuhrartikel war. Auch Kreta, die Kykladeninseln, vor allem Kea, ferner Kalymnos, Kos und Zypern waren berühmt wegen ihrem Honig. Zahlreiche Beispiele zeugen von der wirtschaftlichen Bedeutung des Honigbaus im Altertum. Tönerne Bienenstöcke, wie sie heute noch auf der Insel Paros im Einsatz sind, und wie sie am Agaleos, bei Vari und auf dem Gut Trachones ans Licht kamen, gehörten zum ständigen Inventar der Bauernhöfe. Ein gut erhaltener Bienenstock aus Ton ist als Kindersarg im Museum von Marathon zu sehen.

347

347   Im Vordergrund ein restaurierter antiker Bienenstock aus Ton, der auf dem Gut Trachones bei Athen gefunden wurde. Dahinter ein tönerner Bienenstand aus Paros, wie solche dort noch heute in Gebrauch sind.

Honig diente als Säuglingsnahrung, für medizinische Zwecke, zum Süßen von Backwerk und Getränken und als Gaben für Götter und Tote. Die Produktion war beträchtlich, begünstigt durch den Reichtum an blütenreichen Kräutern. Auch das Bienenwachs hatte große Bedeutung. Man verwendete es zum Glänzen von Säulen, um Krüge zu verschließen oder Schiffsplanken abzudichten. Ikarus' Federflügel, die dem übermütigen Flieger zum Verhängnis wurden als er über Sizilien zu hoch gegen die Sonne hinaufstieg und abstürzte, waren mit Bienenwachs zusammengefügt. Die Gefährten des Odysseus ließen sich angesichts des betörenden Gesangs der Sirenen die Ohren mit Wachs verstopfen, während Odysseus selbst sich an den Schiffsmast ketten ließ. Jedes Boot führte eine große Scheibe Wachs mit, das als Dichtungsmittel für Leckstellen diente.

Honig wurde stets nach Qualität und Verdaubarkeit unterschieden. So galt schon damals der Honig aus Erikablüten als zweitrangig. Aristoteles und nach ihm Dioskurides und Plinius (11.13) berichten von einer Art Honig aus dem Pontus, der dort Mainomenon heißt, wegen der Raserei, die er erzeugt. Plinius fragt sich mit Recht, warum es denn der Natur nicht genüge, den Bienen giftige Stacheln zu geben. Indem sie auch den Honig vergifte, wolle sie zweifellos den Menschen weniger gierig machen. Diesem giftigen Honig vom Pontus erlag 401 v. Chr. in Kolchis das griechische Söldnerheer unter Kyros, Satrapp von Westkleinasien, im Feldzug gegen dessen Bruder Artaxerxes. Angesichts der großen Anzahl von Bienenstöcken labten sich die Soldaten an dem süßen Honig, nach dessen Genuß sie aber ins Delirium gerieten. Sie schienen dem Tode nahe zu sein und nach der Schilderung in Xenophons Anabasis (4.8.19) war der Boden bedeckt mit leblos erscheinenden Körpern. Tatsächlich wächst im kleinasiatischen Pontus heute noch eine Rhododendronart *(Rhododendron luteum),* deren Blütennektar und der daraus gewonnene 344 Honig giftig sind. Auf der gegenüberliegenden Insel Lesbos sind Restbestände dieser Rhododendronart erhalten und bilden für die dortigen Weidetiere noch heute eine große Gefahr.

348 In solchen übermannshohen Vorratsgefäßen aus Ton lagerten die Alten ihre Lebensmittelvorräte. Diese sogenannten ›pithoi‹ waren oft in Relieftechnik kunstvoll verziert und mit Henkelösen für die Handhabe mit Seilen versehen. Im Bild sind solche Gefäße auf dem minoischen Ruinenfeld von Mallia zu sehen.

LOTOSBLÜTEN UND AKANTHUSBLÄTTER

Wie bereits in den Urformen menschlichen Gestaltens geht auch bei den Griechen der Ursprung künstlerischen Bildens auf den Drang zurück, sich mit den geheimnisvollen Mächten der Natur auseinanderzusetzen, um dadurch Gewalt über die Mächte des Lebens zu gewinnen und sie und sich selbst in eine Ordnung zu bringen. Diese

349   Dieses spätminoische Gefäß stellt mit seinem Oktopus-Dekor eines der großartigsten Beispiele der frühen Darstellung naturalistischer Motive aus der Tierwelt dar.

Ordnung ist stets mit dem Sinn für Schönheit und Wohlgefallen verbunden, die den Geheimnissen der Natur abgelauscht wurden.

Leitete sich die Kunst der Naturvölker von einem reinen Naturalismus ab, so setzt die Kunst der Kulturvölker auf der Stufe der Stilisierung ein. Bereits in der kretischen Kunst findet diese Stilisierung

350

351

352

350   Der Oktopus inspirierte die Minoer zur Dekorierung ihrer Vasen mit nauti-
schen Motiven.

351   Das meisterhafte Frühlingsfresko aus Thera. Liliengruppen wachsen auf
den seltsam geformten Felsen der vulkanischen Insel. Die rote Farbe der Blüten
dient als Kontrast, während die Form der Blüten auf die weiße Madonnenlilie
schließen läßt.

352   *Lilium candidum,* die Madonnenlilie.

durch die überquellende Üppigkeit pflanzlicher und tierischer Darstellungen Ausdruck.

Die Kunstformen sind aus einer jahrtausendealten Vorgeschichte des Sehens, Empfindens und Erkennens entstanden, ob es sich nun um die naturalistischen Themen der Minoer oder um die gesetzmäßige Darstellung pflanzlicher Ornamente handelt. Letzten Endes ist die Ausdrucksform der griechischen Kunst über die Jahrtausende hinweg die den Gewächsen innewohnende Lebenskraft, die in einem ständig sich erneuernden Jahreszyklus Blätter, Blüten und Früchte sprießen läßt.

353   Attischer Skyphos, 480–450 v. Chr. Um die Henkel dieses Gefäßes entfaltet sich ein kunstvolles Ornament, bestehend aus Ranken, Knospen und Palmetten. Staatliches Museum, Schwerin.

Das der Natur entlehnte Pflanzenornament hat seit jeher in der griechischen Kunst eine entscheidende Rolle gespielt und überdauerte die Jahrhunderte in Architektur, Skulptur und Malerei. Dem zunächst naturalistischen Ornament in der minoischen und mykenischen Kunst folgte die Umprägung der individuellen Motive in 353 streng stilisierte Pflanzenformen. Im Zuge dieser Stilisierung der pflanzlichen Vorbilder wurde die Lilie zum Lotos, die Palme zur Palmette und die Rose zur Rosette. Trotz ihrer strengen Ordnung haben jedoch diese Ornamente etwas vom Wesen lebender Pflanzen bewahrt. Es ist wie wenn der Saft in die dürren Zweige aufsteigen würde, um die geometrischen Spiralen zu Blattranken und die Palmetten

172

354 Eos beklagt ihren gefallenen Sohn Memnon. Attische Amphora um 530 v. Chr., Vatikan.

355 Flächenfüllendes Frühlings-Stimmungsbild auf einer ionischen Schale, Mitte 6. Jahrhundert v. Chr., Louvre Paris.

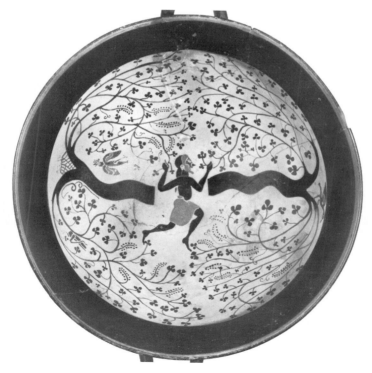

356

357

358

359

zu Blattbüscheln werden zu lassen. In diesem Sinne stellen die ornamentalen Formen der Griechen nicht Abbilder der Natur dar, sondern pflanzliches Leben an sich, wie die Urpflanze Platos, das Sinnbild von Sprießen und Wachsen. Damit symbolisiert die Pflanze bei den Alten das Leben und ist nicht wie heute Gegenstand der bloßen Betrachtung.

360

356 *Pancratium maritimum*, die Strandnarzisse.
357 Einzelblüte der Strandnarzisse.
358 Gepreßte Strandnarzissenblüte nach Entfernung der äußeren Blütenblätter.
359 Die Ähnlichkeit der Strandnarzisse mit der Wandmalerei in Thera ist verblüffend.
360 Mykenische Bronzeklinge in Einlegetechnik mit dem Motiv der Strandnarzisse zwischen Leoparden und Wildenten. Grabfund aus Mykene, um 1560 v. Chr., Nationalmuseum Athen.

In archaischer Zeit wurden mit rein naturalistischen Darstellungen in erster Linie Stimmungsbilder erzeugt, wie die Klage Eos' um ihren 354 gefallenen Sohn Memnon. Unbekleidet liegt der Tote unter einer Kiefer, während seine Waffen und Rüstung an einem Platanenbaum

angelehnt sind. Die Einsamkeit um den Toten ist akzentuiert durch die Weite der Natur. Eine zauberhafte Stimmung strömt auch die
355 ionische Schale aus, auf der die beiden Bäume in einer Frühlingsszene das Erwachen der Natur andeuten.

Die Malerei

Das uns aus Kreta und Thera bekannte reiche Material der minoischen Malerei zeugt von einer großartigen Frische in der Wiedergabe von Pflanzen und Tieren, die auf eingehender Betrachtung der sichtbaren Formen beruht. Zu den interessantesten Ausgrabungsfunden in botanischer Sicht gehören die Lilienfresken, die einst die Königspaläste von Knossos und die unter der Vulkanasche begrabenen Häuser von Thera schmückten. Die Vorbilder zu diesen Darstellungen sind in der Natur leicht zu erkennen und können als Madonnen-
352 lilie *(Lilium candidum)* und die lilienähnliche Strandnarzisse *(Pancra-*
356, 357 *tium maritimum)* gedeutet werden. Daß es sich in beiden Fällen um Lilien handelt (botanisch gesehen gehört die Strandnarzisse allerdings zu den Amaryllisgewächsen), dürfte allein schon in der aus den frühesten Kulturen bekannten kultischen Bedeutung der Lilie begründet sein, nachdem wir es zweifellos mit sakralen Räumen zu tun haben. Das Lilienmotiv befriedigte seit jeher die Sehnsucht des Menschen nach Ebenmaß und Harmonie, seine vollkommene Form verkörperte den Schöpfungswillen und war Inbegriff von Reinheit und Unschuld. »Lilienzart« nannte Homer die Haut des Aias, »Lilienstimmen« verlieh Hesiod den Musen. »Ein Wunder waren sie zu schauen« . . . bezeichnet Homer die Lilien in seiner Hymne an Demeter (427).

Die Madonnenlilie, bei uns so genannt weil es die Blume ist, die der Erzengel Gabriel Maria überreicht, um ihr die Geburt des Gottessohnes zu verkünden, ist in der minoischen Kunst das meistverwendete Blumenmotiv. Wenn auch diese Pflanze wie andere Lilienarten heute in Kreta nicht mehr wild vorkommt, so ist doch anzunehmen, daß sie den alten Ägäern noch bekannt war. Lange Zeit glaubte man, daß die Madonnenlilie auch auf dem griechischen Festland nicht heimisch, sondern eingeführt sei, bis 1916 in Nordgriechenland die ersten Lilien-Kolonien entdeckt wurden, die sich durch Samen vermehrten. Damit war der Beweis erbracht, daß sie dort wild wuchsen. Auf dem
361 herrlichen Lilienfresko von Amnissos, dem Hafen von Knossos, sind

361 Fresko mit weißen Lilien *(Lilium candidum)* aus einer Villa in Amnissos, Kreta. Mittelminoisch, um 1600 v. Chr., Museum Iraklion.

die schlanken Blütenstengel intarsienartig in dunkelroten Grund eingesetzt. Auch bei den rot dargestellten Lilien in den Fresken von Thera sind die charakteristischen Merkmale der weißen Madonnenlilie 351 deutlich erkennbar, und der Künstler hat hier zweifelsohne aus rein ästhetischen Gründen eine Umkehr der Farben gewählt, um seine wüste Felsenlandschaft zu beleben und ihr ein frühlingshaftes Aussehen zu geben.

Die Pflanze auf dem Fresko im Frauengemach von Thera ist mit 359 ihren robusten, hohen Blütenständen ebenso deutlich als Strandnarzisse erkennbar, wenn wir die als Nebenkrone ausgebildete Blüten- 358 röhre aufschneiden und flach aufrollen, nachdem wir die äußeren Blütenblätter entfernt haben. Die großen, halbmondförmigen Antheren sitzen dann wie auf dem Fresko zu den Zähnen des Kronenkranzes quergestellt, allerdings zwischen den Zähnen statt auf den Spitzen des Zahnkranzes. Damit bezweckte der ägäische Zeichner wohl eine gewisse Harmonie, kommt aber durch diese Darstellungsweise unter Beibehaltung der sechsteiligen Blüte auf sieben Staubblätter statt sechs wie in der Natur. Vielleicht hat hier aber auch die Magie der Zahl Sieben eine Rolle gespielt.

362

363

364

362 *Crocus sieberi atticus*, eine der zartesten Krokusarten.
363 *Crocus chrysanthus*, eine goldgelbe Krokusart.
364 *Sternbergia lutea*, die krokusähnliche Gewitterblume.
365 Die Schlangenwurz *(Dracunculus vulgaris)*, minoisches Dekorationsmotiv.

365

366

67

368

366 Fruchtstand der Schlangenwurz.
367 Eine in Kreta endemische, zierliche Arumart, *Biarum davisii.*
368 Die Zaunwinde *(Calystegia sylvatica)* mag eine der kelchartigen Blüten gewesen sein, die die Alten zu ihren Lotosmotiven inspirierten.

179

Diese naturalistische Darstellung der Strandnarzisse darf mit einer
369 späteren Darstellung auf einer minoischen Larnax der postpalatialen
Epoche in Verbindung gebracht werden. Hier sitzen die Antheren
ebenfalls auf dem Zahnkranz der Nebenkrone, jedoch sind die
äußeren Blütenblätter in das Motiv mit einbezogen. Eine weitere interessante Parallele finden wir in der handwerklich einzigartigen
Wiedergabe des Strandnarzissenmotivs auf einer mykenischen Bron-
360 zeklinge aus dem 16. Jahrhundert v. Chr. Hier stimmt auch die Zahl
der Antheren mit der Natur überein. Wenn auch Leoparden und
Wildenten in dieser Darstellung eher auf den Orient hindeuten, so
besteht doch aller Grund zur Annahme, daß die einheimische
Strandnarzisse als Motiv gewählt wurde und nicht die in Fachkreisen
auch schon diskutierte Papyrusstaude. Das Vorkommen der Papyrusstaude ist auf die sumpfigen Niederungen des Niltales und anderer ausgesprochener Feuchtgebiete des afrikanischen Kontinents beschränkt. Die Strandnarzisse dagegen ist für das ganze Mittelmeergebiet bezeugt und ihr Vorkommen reicht bis an die afrikanische
Meeresküste. Wie uns heute der Anblick eines mit duftenden Strandnarzissen bestandenen Sandstrandes bezaubert, so mag auch der see-

369 Tönerner Sarkophag aus Palaiokastro, Ostkreta. Auf der Frontseite links
Liliendekor mit der stilisierten Darstellung von zwei Strandnarzissen. Spät-
minoisch, um 1400 v. Chr. Museum Iraklion.

180

370 Krokusbukett, Wandmalerei aus Hagia Triada, Südkreta. Museum Iraklion

gewohnte König Minos auf seinen Kreuzfahrten durch die Ägäis in den günstigen Reisemonaten Juli bis September als erstes die am Strand blühenden Strandnarzissen erblickt und diese zu seinem heiligen Symbol gewählt haben.

371 Spätminoischer Ton-
sarkophag mit Schlangen-
wurzdekor, um 1400 v. Chr.
Museum Iraklion.

372 Kieselmosaik mit Lotosdekor, der vielleicht der Zaunwinde (Calystegia sylvatica) entlehnt ist. Ausschnitte aus einem Bodenmosaik in einem Wohnhaus in Eretria aus dem 4. Jh. v. Chr.

373 Die jungen Blattsprosse des Adlerfarns *(Pteridium aquilum)* mögen die Alten zur Nachahmung in Stein angeregt haben, woraus sich die Voluten-Bauglieder entwickelten.

373

Ein weiteres Beispiel naturalistischer Darstellungsweise begegnet
uns in dem fächerartig angeordneten Krokusbukett in der minoi- 370
schen Residenz von Hagia Triada. Dadurch, daß auf diesem Fresko
die Blumen aus dem Nichts herauswachsen, entsteht der räumlich
nicht fixierbare Zustand des Werdens, des wachsenden Lebens, wie

wir diesen in späteren Zeiten in anderer Ausdrucksweise in Form von Ranken und Palmetten wiederfinden. Es ist dabei unbedeutend, ob

362, 363 der minoische Maler von Hagia Triada den Krokus zum Vorbild hatte oder ein anderes kelchartiges Gewächs. Es könnte sich eben-

364 sogut um die Gewitterblume *(Sternbergia lutea)* handeln, die im September nach den ersten Regen ihre gelben Trichterblüten entfaltet.

Interessante Vergleiche in der Verwendung pflanzlicher Motive durch die Minoer lassen sich auch mit den Aronstabgewächsen vor-

371 nehmen. Ein spätminoischer Truhensarkophag aus Ostkreta ist mit schlangenwurzähnlichen Blüten dekoriert, die uns an die seltsamen

365 Formen von *Dracunculus vulgaris* denken lassen. Bei den Alten wurden diese Pflanzen wohl wegen der buntgefleckten Stengel und Blätter mit Schlangen in Verbindung gebracht, was auf mystisch-chthonische Zusammenhänge hinweist. Die dunkelpurpurrote Blütenscheide der bis 1 m hohen Schlangenwurz mit ihrem penetranten Aasgeruch gehört heute noch zu den seltsamsten Erscheinungen der Natur. In die nähere Verwandtschaft der Schlangenwurz gehört die

367 Gattung *Biarum,* deren zierliche Art *davisii* mit weißer Blattscheide und rotem Blütenkolben erst vor wenigen Jahren als endemische Art Kretas entdeckt wurde.

Erscheint die minoische Kunst gegenüber der klassischen Strenge des späteren historischen Griechenland als naturalistisch, so beeinflußten ihre pflanzlichen Elemente doch die weitere Entwicklung des Kunststils. In der klassischen Ornamentik ist die Pflanze zwar nicht mehr das eigentliche Ziel, umsomehr aber die durch sie ausgedrückte Gestalt und Bewegung. Nur eine kleine Zahl ausgewählter Pflanzen dient allerdings der Verwirklichung der neuen ornamentalen Ordnung. Es sind dies in erster Linie die von den Archäologen als Lotosblüten bezeichneten kelchartigen Gebilde, deren vielfache Ausdrucksformen eine bestimmte Pflanze als Vorbild ausschließen. Die Botaniker unter den alten Griechen kannten zwar verschiedene Lotospflanzen, eine Seerosenart, die Jujube und eine Kleeart, aber aus keinem dieser Gewächse läßt sich das herkömmliche Lotosmotiv ableiten. All diese Pflanzen haben indessen eine mehr oder weniger wohlschmeckende süße Frucht, die bei den Alten vielleicht die Vorstellung von etwas besonders Schönem oder Gutem erweckte, was sie in der Kunst durch die kelchartig angeordneten, aufstrebenden Blütenblätter auszudrücken versuchten.

Der Inspiration zur künstlerischen Entwicklung der Lotosblüte, die das ewige Blühen und Wachsen ausdrücken will, können daher verschiedene Pflanzen zugrunde liegen. Als Beispiel greifen wir das abgebildete Kieselmosaik heraus, das den Boden einer Wohnstube 372 aus dem 4. Jahrhundert v. Chr. in Eretria auf Euböa schmückte. Wir sehen dort einen reichen Pflanzendekor, der sich aus Palmetten und kunstvoll eingerollten Blattranken zusammensetzt. Aus den Blattachseln sprießen Blütenknospen gegen die von einem Gorgonenhaupt eingenommene Bildmitte, zwischen ihnen zwei offene Blütenkelche in voller Entfaltung. Es wäre denkbar, daß Knospen und Blüten der Zaunwinde *(Calystegia sylvatica)* entlehnt sind, die in ganz 368 Griechenland verbreitet ist und von Mai bis Juli Wegränder und Gartenzäune mit ihrer weißen Blütenpracht überdeckt. Auch die Blätter der Bordüre weisen eine verblüffende Ähnlichkeit mit denjenigen der Zaunwinde auf.

Naturentlehnten Ornamenten begegnen wir hauptsächlich in der Vasenmalerei, wo Efeuranken, Palmetten und Lotosblüten sich oft mit der Gefäßform zu einer organischen Einheit vereinigen. Im Gegensatz zur stark stilisierten Lotosblüte und der Palmette ist die naturgetreue Wiedergabe der Efeuranke mit den charakteristischen halbkugeligen Dolden auffallend. Durch die Wahl dieses Motivs aus der lebenden Umwelt wird die mythische Bedeutung des Efeus unterstrichen. Die Darstellung mit Früchten auf Salb- und Kultgefäßen dürfte auf Demeter hinweisen, der ähnlich wie Dionysos der Efeu geweiht war.

Die Plastik

Ganz anders als die modernen Architekten ihren Bauten durch Wucht und Dimensionalität Ausdruck verleihen, verstanden es die alten Griechen, ihre Tempel in voller Harmonie der sie umgebenden Natur anzupassen, die ihnen als Vorbilder dienenden naturalistischen Elemente zu verfeinern und in einem Chor klassischer Linien zur Vollendung zu bringen. Akrotere, Voluten und Akanthusblätter sind der Natur entlehnte Bauglieder, die eine bewegte und zugleich dynamische Linienführung erlauben, in der sich das Kräftespiel des Baus befreit darstellt. Kannelierte Säulen sind ein weiterer Schritt zur Verfeinerung der Ästhetik. Zweifellos ließen sich die Griechen auch

374

374   Waldengelwurz *(Angelica sylvestris)*.
375   Die kannelierten Säulen des Tempels des Apollo Epikurios in Bassai haben eine verblüffende Ähnlichkeit mit dem Stengel der Waldengelwurz.
376   Stengel der Waldengelwurz.

377   Einzelblüte der dornigen Akanthusdistel *(Acanthus spinosus)*.
378   *Acanthus mollis,* der weiche Akanthus, neben einem korinthischen Säulenkapitell in der Athener Agora.
379   *Acanthus spinosus,* der weitverbreitete dornige Akanthus.

375

376

377

378

379

hier von der Natur inspirieren und nahmen sich den gerippten Hohl-
374 stengel der Waldengelwurz *(Angelica sylvestris)* oder einer ähnlichen Pflanze zum Vorbild, um die Eleganz dieses stolzen bis 2 Meter
hohen Doldengewächses ihrem Schönheitsempfinden zunutze zu
375 machen. Der bildliche Vergleich mit dem Tempel des Apollo Epikurios von Bassai zeugt von der verblüffenden Ähnlichkeit des ge-
376 furchten Stengels in dessen Übergang zum Blattansatz mit einer dori-
schen Säule.

380   Voluten-Kapitell

Als wesentlichen Bestandteil des ionischen Kapitells zur Vermitt-
lung zwischen horizontalen und vertikalen Baugliedern kennen wir
380 das sich spiralförmig einrollende Element der Voluten. Auch diese
Spiralen sind ein in der Natur häufig vorkommendes, Eleganz und
Bewegung ausdrückendes Bild. Für unseren Vergleich haben wir ei-
373 nen jungen Sproß des Adlerfarns *(Pteridium aquilinum)* herangezo-
gen, wie er im Frühjahr aus der Erde drückt um sich zu einer meterhohen Pflanze zu entfalten. Im blütenlosen Farn sahen die Alten ein
Gewächs des Himmels, das stellvertretend für die Sonne auftrat. Seine Nachahmung in Stein zur Verwendung als Bauglied kultischer
Bauten könnte deshalb einen tieferen Sinn haben.

Zur Entstehung des korinthischen Säulenkapitells berichtet Vitruv
(4.1.9), daß dieses auf einen Akanthus zurückgeht, der sich auf einem
Grab in Korinth um einen Opferkorb rankte. Dies inspirierte den
Bildhauer Kallimachos, der für die formale und technische Vollendung seiner Kunst berühmt war, zur Nachbildung des Akanthusblat-
tes aus Stein und dessen Verwendung im korinthischen Säulenkapitell. Dieses besteht aus einem kelchartigen Echinus, dessen unterer
Teil von zwei Reihen aufrecht stehender Akanthusblätter umgeben
ist. Die Gesamtform ist ein zwischen Säule und Gebälk vermittelndes

auflockerndes Bauglied, das wegen der nach allen Seiten gleich entwickelten Form eine universelle Verwendung zuläßt. An einem in der Athener Agora neben einem korinthischen Kapitell angepflanzten Akanthus wird die Abstammung des Bauglieds von der Pflanze demonstriert. Bei letzterer handelt es sich allerdings um *Acanthus mollis,* 378 der als feuchtigkeitsliebende Pflanze nur im Norden Griechenlands wild vorkommt und daher den Korinthern kaum als Vorbild gedient haben kann. Wenn der Akanthus tatsächlich als Vorbild für das korinthische Säulenelement gehalten werden soll, so könnte es sich auch um die Blüte des in ganz Griechenland heimischen *Acanthus spi-* 379 *nosus* handeln, die wie andere pflanzliche Elemente das ewige Sprießen und Wachsen in vollendeter Form versinnbildlicht. Interessant ist 377 immerhin der Vergleich mit mazedonischen Goldschmiedearbeiten aus dem 4. Jahrhundert v. Chr., die abwechselnd mit Palmetten und naturgetreu nachgebildeten Blättern des in Nordgriechenland vorkommenden Akanthus mollis ausgestattet sind. Die Form dieser Blätter eignet sich eher für gehämmerte und getriebene Schmiedearbeiten als für Skulpturen aus Stein.

Der unendliche Reichtum der Naturformen mag die Griechen noch zu mancher Nachbildung angeregt haben, wie auch uns beispielsweise der Anblick der abgebildeten Salbeiart *(Salvia argentea)* 385 unwillkürlich dazu verleitet, in ihr das Vorbild zu einem Kronleuchter zu sehen.

381 Kultgefäß aus Steatit. 2000–1800 v. Chr., mittelminoisch.
Lilienblütenblätter in kraftvollem Relief, mit starker gut sichtbarer Doppelrippe, umfassen den steinernen Kern.

Eines der frühesten Beispiele der Bedeutung der Lilie in der kretischen Plastik ist das abgebildete minoische Kultgefäß aus schwarzem 381 Steatit, eine öfters in den dem Totenkult geweihten Heiligtümern vorkommende Form. Diese Gefäße bargen Opfergaben in Form von Samenkörnern als Träger des sich erneuernden Lebens. Ihre Form

382 *Lilium chalcedonicum*, eine endemische Türkenbundlilie.
383 Martagonlilie *(Lilium martagon)*.
384 *Lilium albanicum*, eine auf den südlichen Balkan beschränkte polymorphe
Lilienart.

385 Der Silbersalbei *(Salvia argentea)*
zählt zu den schönsten Vorbildern künstlerischen Wirkens und erinnert an die
Form eines Kronleuchters.

382

383

384

385

382–384 war Lilienblütenblättern nachgebildet, wie sie beim Türkenbund angeordnet sind, von dem in Griechenland drei Arten wild vorkommen. Sie sind nicht nur Ornament, sondern gleichzeitig Symbol, indem sie den Stein umschlingen, um die in ihm ruhenden Lebenskräfte zu schützen. Die Wahl der Lilie auch für diese Ausdrucksform der kretischen Kunst beruht zweifellos auf deren Zugehörigkeit zur großen minoischen Vegetationsgöttin.

In der Kleinkunst nahmen die Münzen mit Pflanzendarstellungen einen breiten Raum ein. Jede Stadt, die Münzen prägte, wählte sich ihr Symbol. Dieses spielte ursprünglich auf den Namen der Stadt durch eine entsprechende Darstellung aus der Umwelt oder dem 386 Mythos an. So wählte man beispielsweise die Rose für Rhodos. Mit bewundernswerter Naturbeobachtung und Technik haben die Stempelschneider des klassischen Altertums die Münzen mit Pflanzenbildern geschmückt.

Es sollte uns hier nicht beschäftigen, ob und welche Pflanzen den bildenden Künsten wirklich als Vorbild dienten. Dies bleibt den Spezialisten vorbehalten. Was uns interessiert, ist der Einfluß, den die vegetative Welt auf die Entwicklung der Kunststile haben konnte, die Beziehungen der pflanzlichen Elemente zu den einzelnen Kunstformen. Wie Kunst allgemein nicht Photographie ist, so ist bildende Kunst nicht Nachbildung der Natur in engerem Sinne. Die Griechen schafften ihre Bildwerke aus einem lebendigen Erfüllen der Naturkräfte und nicht aus Nachahmung der Natur.

386   Tetradrachmon aus Rhodos, 304–289 v. Chr., mit erblühender Rose.

Gegenüber auf Seite 193:
387   Blick auf das Olymp-Massiv.

DIE GÖTTERWIESEN

Homer stellte sich die Erde als eine runde Scheibe vor, begrenzt durch den Weltstrom Okeanos, aus dem sich alltäglich Helios und Eos gegen das auf den Schultern des Giganten Atlas ruhende Himmelsgewölbe erheben. Genau im Zentrum der im Durchmesser etwa 2000 km messenden Scheibe, dort wo die delphische Pythia über dem »Nabel der Erde« ihre Orakel verkündete, lag das griechische Land, dessen Berggipfel durch die Wolkendecke hindurch in den blauen Äther reichten. Hier oben, am Rande menschlichen Daseins, lebten die Götter Homers. Er lokalisiert ihre Wohnstätten auf dem »sonnenumstrahlten Olymp, wo die Götter ewig freudige und selige Tage erleben« (Od. 6.46).

Unter dem Begriff »Olymp« haben wir uns bei den alten Griechen eine Mehrzahl von Bergen vorzustellen. Die meisten der 315 Berggipfel über 1000 m, von denen 47 mehr als 2000 m hoch sind, waren den Göttern geweiht und den Menschen nicht zugänglich. Allein die Musen und Nymphen, die hinabstiegen zu Quellen und Wäldern und den Adler als Künder des Götterwillens verehrten, waren die sichtbaren Mittler zwischen Göttern und Menschen.

388

388   Das Bergmassiv
der Wardussia.
389   Das aus der
Unterwelt kommende
Wasser des Styx im
arkadischen Chelmos-
gebirge, das die Alten
für todbringend hielten.
(Herodot 6.74).

389

390 Blick von Geraki mit seinen byzantinischen Kapellen auf den Taygetos.
391 Die Landschaft der Meteora-Klöster. Im Hintergrund der Gebirgszug des Pindos.

392

393

394

395

396

397

398

399

400

401

392   *Primula vulgaris.*
393   Eine schöne Schlei-
fenblume des Olymp *(Iberis
sempervirens).*
394   Gemswurz
(Doronicum columnae).
395   Esparsette
(Onobrychis montana).
396   *Rhynchocorys elephas.*
397   *Cerastium candi-
dissimum,* eine alpine
Hornkrautart.

398   *Tulipa orphanidis.*
399   *Tulipa boeotica.*
400   *Tulipa australis.*
401   *Tulipa bakeri.*
402   *Tulipa saxatilis.*

402

197

403   Eine Sonderform der *Fritillaria graeca* aus der Argolis.
404   *Fritillaria obliqua.*   405   *Fritillaria rhodocanakis.*
406   *Fritillaria bithynica.*   407   *Fritillaria pontica* auf Lesbos.
408   *Campanula aizoon,* eine immergrüne Glockenblumenart der alpinen Stufe.
409   Eine hübsche Tragantart *(Astragalus sp.)*
410   Fetthenne *(Sedum hispanicum).*
411   Noch nach dem Frühling blühen die Distelarten in leuchtendsten Farben.

408

409

410

411

412

413

414

415

16   417

18   419   420

412   Eine der schönsten griechischen Flockenblumen *(Centaurea pindicola)*.
413   Eine Eberwurzart aus dem Gebirge *(Carlina acanthophylla)*.
414   *Centaurea solstitialis.*
415   *Carlina acanthifolia,* eine dekorative Bergdistelart.
416   *Viola delphinantha,* eine Veilchenart vom Olymp.
417   *Aubrieta sp.,* das Blaukissen.
418   *Corydalis parnassica,* eine endemische Lerchenspornart vom Parnass.
419   *Centaurea urvillei,* eine weitere zierliche Flockenblumenart.
420   *Putoria calabrica,* ein besonderer Schmuck von Felspartien.

421

421 *Digitalis grandiflora*, der großblumige Fingerhut.
422 *Iris pseudacorus*, eine Schwertlilienart der feuchten Gebirgswiesen.
423 *Pinguicula hirtiflora*, das an Bergbächen wachsende Fettkraut, vielleicht das »Zwölfgötterkraut« der Alten.
424 *Echinops ritro*, die Kugeldistel.
425 *Morina persica*, eine der hübschesten Distelarten der Bergregion.

422

423

424   425

Die einheimischen Geranienarten: 426 *Geranium striatum.*
428 *Geranium macrorrhizum.* 427 *Geranium sanguineum.*
429 *Geranium subcaulescens.* 430 *Geranium tuberosum.*

431

432

433

434

Der thessalische Olymp, im Altertum vielleicht noch ein stolzer Dreitausender (heute infolge der starken Erosion nur noch 2918 m) mit seinem Doppelgipfel »Pantheon« und »Zeusthron« hat bis in die Neuzeit etwas von seiner Unnahbarkeit bewahrt. Er war schon in der Antike in eine obere und eine untere Region eingeteilt. In der unteren errichteten die Menschen ihre Siedlungen, wovon noch heute die alte Stadt Dion am Ostfuß des Gebirges zeugt. Die obere Region als Sitz der Götter hielt die Menschen während Jahrtausenden fern.

Selbst der »ungläubige« Sultan Mehmet IV., der um die Mitte des 17. Jahrhunderts in Larissa Hof hielt und die heißen Sommermonate mit einer Karawane von 5000 Kamelen auf den Höhen des Olymp verbrachte, getraute sich nicht in die Gipfelregion. Auch in den folgenden zwei Jahrhunderten sollten die Versuche zur Besteigung des höchsten Gipfels des Olymp erfolglos bleiben. Sie scheiterten nicht

435   Die Götterburg des Olymp in ihrer ganzen Unnahbarkeit, wie sie noch 1590 den flämischen Geographen A. Ortelius zu diesem Stich inspirierte. Aus M. Kurz, Le Mont Olympe, Paris/Neuchâtel 1923.

436 Zeusthron, die Götterburg des Olymp. Aufnahme von
Fred Boissonnas anläßlich seiner Erstbesteigung des Olymp-
gipfels im Jahre 1913.

nur an der Unzugänglichkeit des damals noch unerschlossenen Gebiets, sondern hauptsächlich am Brigantentum der Klephten, die sich
hier als Freiheitskämpfer gegen die Osmanen und vermeintliche
Hüter der Ordnung in einem vom Feind unterworfenen Land her-
vortaten. Der letzte Reisende, der mit diesem Brigantentum Be-
kanntschaft machte, war der Jenaer Ingenieur Edwart Richter, der
1911 bei seinem dritten Versuch einer Gipfelbesteigung von den
Klephten gefangen genommen wurde, nachdem diese seine beiden
vom Sultan gestellten Leibwächter erschlagen hatten. Nach dreimo-
natiger Gefangenschaft Richters in einer tief im Walddickicht ver-
steckten Höhle wurde er gegen ein Lösegeld von 19000 türkischen

Goldpfunden freigelassen. Erst im August 1913, ein Jahr nach dem siegreichen Einzug der griechischen Armee in Mazedonien, war es zwei Genfern, Fred Boissonnas und Daniel Baud-Bovy mit ihrem griechischen Führer Christos Kakkalos, vergönnt, als erste die Götterburg zu ersteigen. 436

So hatten im Altertum weder ein Theophrast noch ein Dioskurides den Olymp erklommen. Die große Zahl der Bergblumen blieb ihnen verborgen, wie sich auch für uns die antiken Quellen über die speziel-

437 Archaische Darstellung einer Götterversammlung. Dem Irdischen enthoben thronen die Götter in der Herrlichkeit des Olymp. Kränze und Blumen schmücken ihr Dasein. Eben läßt sich Zeus von seinem Diener Ganymed Nektar einschenken. Ihm gegenüber Hestia mit einem Strauß wahrhaft olympischer Blumen.

le Flora der alpinen Stufe ausschweigen. Lediglich aus dem Mythos wissen wir, daß Hermes die den Göttern entwendeten unsterblichen Rinder durch blühende Bergwiesen trieb, daß Persephone blumenpflückend von Hades geraubt wurde und daß Blumenkränze die Attribute des Hymenaios, des göttlichen Brautführers, waren. Von diesen Pflanzen, die nur die Götter schauen durften, und von anderen Gewächsen, die ihrer Seltenheit wegen von den Botanikern der Antike nicht beschrieben wurden, soll in diesem Kapitel die Rede sein.

Zur Hochzeit des Zeus und der Hera im Hesperidengarten hatte Gaia, die Erdgöttin, einen bunten Blumenteppich sprießen lassen. Aus den zahlreichen wie Edelsteine funkelnden Blüten flochten die Götter ihre Festkränze: Primeln, Schleifenblumen *(Iberis sp.),* Hornkraut *(Cerastium sp.),* Gemswurz *(Doronicum sp.)* und alle die farbenprächtigen Blüten der den Göttern vorbehaltenen Regionen. Prächtige wilde Tulpen erfreuten das göttliche Auge, gelbe *(Tulipa australis)* auf den Felsgipfeln der Berge, rote und orangefarbene *(Tulipa* 392, 393 394, 397 400

398, 399 *boeotica* und *T. orphanidis*) im Bereich der Getreidefelder Demeters,
401, 402 zierliche weiße und rosarote (*Tulipa bakeri* und *T. saxatilis*) am kretischen Ida. Diese Vielfalt von Tulpen, die zwar selten, aber über das ganze Land verstreut sind, läßt mit einiger Sicherheit vermuten, daß es sich um eine einheimische Pflanzengattung handelt, lange bevor die Gartentulpe aus dem Himalaya über die Krim und Konstantinopel nach Europa gelangte und dort im 16. Jahrhundert die »Tulpomanie« auslöste.

Zur gleichen Familie der Liliengewächse gehört auch die Schachbrettblume, die in Griechenland durch 17 Arten vertreten ist. Die
404 schiefe Schachbrettblume (*Fritillaria obliqua)* ist mit ihrer tiefpurpurnen, fast schwarzen Farbe ein Bewohner des attischen Berglandes.
405 *Fritillaria rhodocanakis* ist endemisch auf der Insel Hydra und blüht dort bereits im Februar. Dieser Art verwandt, aber ohne den unteren
403 gelben Rand, ist *Fritillaria graeca* aus Südgriechenland. Die pontische
407 Schachbrettblume (*Fritillaria pontica*) ist auf der Insel Lesbos durch besonders große Exemplare vertreten, während es sich bei der klei-
406 nen *Fritillaria bithynica* auf den Inseln Samos und Chios um eine asiatische Art handelt.

409 In höheren Regionen blühen der Tragant (*Astragalus sp.),* der Ler-
418 chensporn (*Corydalis parnassica*) und die braunwurzähnliche *Rhyn-*
396 *chocorys elephas* mit der seltsamen an einen Elefantenrüssel erinnernden oberen Blütenlippe. Zwischen den immergrünen Sträuchern der Macchie leuchten lachsrot die Blüten der Esparsetten *(Onobrychis*
395 *montana).* Den weiten Bergtriften geben die verschiedenen Distelgattungen ihr Gepräge. Mit dem Namen ›akanthos‹, Dornen, bezeichneten die Alten alle distelartigen Pflanzen, wozu neben den eigentli-
413, 415 chen Akanthusarten auch die Gattungen *Echinops, Carlina* und *Mo-*
425 *rina* gehören. Letztere Gattung aus der Familie der Kardengewächse mit ihren an langen Stengeln übereinander angeordneten rosa Blütenquirlen war ursprünglich ein Bewohner des Himalaya und ist im Verlaufe der Erdgeschichte bis Südeuropa vorgestoßen, wo sie eine besondere Zierde der Berge ist.

417 An steilen Bergwänden finden wir das Blaukissen *(Aubrieta deltoi-*
420 *des)* und die stinkende *Putoria calabrica,* während in den Felsspalten der alpinen Stufe verschiedene Steinbrecharten und die auf dem
416 Olymp vorkommende *Viola delphinantha* das Auge erfreuen. Im Bereich der Quellnymphen begegnen uns die verschiedenen einheimischen Geranienarten, die mit der eingebürgerten südafrikanischen

Geranie unserer Gärten wenig gemein haben. Alle diese Geranienar- 426–430
ten sind äußerst zierlich und sehr farbintensiv. An Bergbächen begegnen wir auch dem Fettkraut *(Pinguicula hirtifolia),* einer »fleischfres- 423
senden« Pflanze, deren Blätter ein klebriges Sekret absondern, an denen die Insekten hängen bleiben und von der Pflanze absorbiert werden. Der Naturforscher Conrad Gessner glaubte im Fettkraut das sogenannte Zwölfgötterkraut, das ›dodekatheon‹ der Alten, erkannt
zu haben, das alle Krankheiten heilen sollte.

Zu den schönsten Pflanzen am Olymp zählen die wilde Akelei
(Aquilegia amaliae), die Flockenblume des Pindos *(Centaurea pindi-* 431
cola) und die auf wenige Täler beschränkte Gesneriacee *Jankaea held-* 412, 433
reichii. Zusammen mit den Gattungen *Ramonda* und *Haberlea* gehört 432
letztgenannte Pflanze zu den Seltenheiten der griechischen Flora,
handelt es sich doch um Tertiärrelikte einer Familie, die sich aus der
Zeit erhalten haben, als Griechenland noch ein tropisches Steppen-
klima hatte. Das Vorkommen von *Jankaea heldreichii* ist auf wenige
schattige Standorte in Felsspalten am Olymp beschränkt, während
die beiden anderen Gattungen in Europa nur noch in Bulgarien,
Jugoslawien und in den Pyrenäen vorkommen.

SATYRION UND ANDERE ORCHIDEEN

Ein Querschnitt durch die griechische Pflanzenwelt wäre unvollständig, wollte man nicht auch der seltsamen Wunderwelt der Orchideen gedenken. Der durchschnittliche Griechenlandreisende wird zwar meistens achtlos an ihnen vorbeigehen oder vergebens nach ihnen suchen. Die griechischen Erdorchideen, von denen wir mehr als 80 Arten und Unterarten kennen, stehen zwar hinsichtlich Schönheit der Blüten ihren tropischen Verwandten kaum nach, müssen aber zur Erkennung ihrer seltsamen Formen vergrößert betrachtet werden, wozu uns die Nah- und Makrophotographie die Möglichkeit bietet. Mit wenigen Ausnahmen sind die Orchideen auf ganz bestimmte Standorte beschränkt und es bedarf einiger Kenntnis der an Bodenbeschaffenheit und Lebensweise gestellten Anforderungen dieser Pflanzen, um sie im Gelände zu entdecken.

Stammesgeschichtlich gelten die Orchideen als eines der jüngsten Glieder im Reich der Pflanzen. Die Neigung zur Veränderlichkeit der einzelnen Arten zeugt davon, daß die Evolution innerhalb dieser Sippe noch in vollem Gange ist. Daher erscheint es nicht als ausgeschlossen, daß zur Zeit der Antike einzelne Blütenformen noch anders aussahen als heute und daß wir deshalb in der antiken Literatur nur vereinzelt auf Beschreibungen stoßen, die sich mit den heutigen Orchideenformen decken.

In der Medizin wurde den Orchideen im Altertum aphrodisische Wirkung zugeschrieben, die gemäß der Signaturlehre der Alten ihre 438 Begründung in der meist hodenähnlichen Gestalt der Knollen haben dürfte. Die tatsächliche Heilwirkung ist diejenige eines gut verdaulichen Diätmehls, das noch heute unter dem Namen »Salep« aus den 430 stärkereichen Rhizomen gewonnen wird. Dioskurides (3.131) hat mit seiner sehr guten Beobachtungsgabe die beiden Knollen der Ragwurzarten nach Größe unterschieden. Die großen Knollen, von Männern verzehrt, bewirken nach seiner Lehre die Geburt von Knaben, und die kleinen, von Frauen genossen, die Geburt von Mädchen.

Wegen ihrer hodenförmigen Wurzelknollen galten die Orchideen 443 auch als die Pflanzen der Satyrn oder Silenen, jener lüsternen, halb tierischen Wesen im Gefolge des Dionysos, in Menschengestalt zwar, aber mit Pferdeohren und Pferdeschwanz. Bei der Betrachtung 442 der Einzelblüte des italienischen Knabenkrauts *(Orchis italica)* mit den ohrenähnlichen Kelchblättern und dem lang ausgezogenen

438 Hodenförmige Ragwurzknollen am Beispiel der *Orchis cretica* (nach Tournefort).

Schwanz zwischen den Zipfeln des gespaltenen Mittellappens ist es naheliegend, dieses mit dem ›satyrion‹ der Alten zu identifizieren. Dioskurides (3.133–3.135) unterschied zwischen zwei Orchisarten und nannte die eine ›satyrion erythronion‹ mit dem Beinamen ›satyriskos‹ oder ›priapiskos‹ (kleiner Satyr oder Priapos). Auch diese Beschreibung paßt ausgezeichnet zu der italienischen Orchis, die man sich in diesem Zusammenhang als Symbol des phallischen Fruchtbarkeitsgottes Priapos, des Hüters der Gärten und Weinberge im Bereich der Nymphen, vorstellen kann, nachdem diese Orchis gerade zur Zeit der Blütenbefruchtung im April/Mai ihre Blütenköpfe an den Waldrändern herausstreckt und scheinbar über Gärten und Weinberge wacht.

Es erscheint nicht als ausgeschlossen, daß die Alten die Orchideen auch mit ›yakinthos‹ bezeichneten, die ja eine der berühmtesten Pflanzen des Altertums war und in zahlreichen mythischen Szenen anzutreffen ist. Theophrast (6.8.1) beschreibt einen Frühlingsblüher ›yakinthos‹, der länger blühe als andere Blumen, was tatsächlich die Orchideen kennzeichnet. Er legt dieser Blüte das Beiwort ›graptos‹, gezeichnet, bei und definiert die Blütenfarbe als schwarz. Tatsächlich tragen die Ragwurzarten oft komplizierte Zeichnungen auf dunklem Grund, während Hyazinthen meistens in hellen Farben blühen und auf den Petalen nicht gezeichnet sind.

Die buchstabenähnlichen Zeichnungen auf Ragwurzblüten können wie im Fall der wilden Gladiole oder des Rittersporns auch als Klagebuchstaben gedeutet werden. So trugen die weißgekleideten Knaben zum Feste der Demeter Chthonia, der allmächtigen Erdgöttin, zum Zeichen der Trauer über die Entführung Persephones Kränze aus Trauerblumen »mit klagenden Lauten« (Pausanias 2.35). Solche »gezeichneten« Orchideen sind vor allem die verschiedenen Ophrysarten, deren Farben- und Formenpracht zu beschreiben ein müßiges Unterfangen wäre. Selbst die Bilder werden dieser Aufgabe nur einigermaßen gerecht.

Vielfach werden fremdländische Kulturpflanzen für Glieder der Pflanzenwelt des Südens gehalten. Agaven, Palmen und Akazien, die vom Uneingeweihten zur Flora der Mittelmeergebiete gezählt werden, sind jedoch ebenso fremde Zutaten wie die Agrumenhaine, die sich unserem Auge von der Burg von Mykene darbieten. Odysseus hat nie eine Agave *(Agave americana)* gesehen und es ist ein großer Anachronismus, wenn diese Pflanze auf alten Stichen antiker Stätten abgebildet wurde. Wie der indische Feigenkaktus *(Opuntia ficus-indica)* geht auch die Agave auf die Entdeckung der neuen Welt zurück. Beide fanden nach ihrer Einführung im Mittelmeerraum ähnliche klimatische Bedingungen vor wie in ihrer mexikanischen Heimat und verwilderten oder wurden dank ihrer Stacheln zur Einzäunung und Abgrenzung von Landgütern verwendet. Ihre bis 4 m hohen Blütenkandelaber treiben die Agaven nach 12 Jahren. Aus den Blüten der Opuntie entwickeln sich im August die schmackhaften, saftigen, von einer dicken Stachelhülle umgebenen Kaktusfeigen.

Die über Mitteleuropa hereingekommenen zahlreichen Akazienoder mimosenartigen Alleebäume sind in den milderen Gegenden Griechenlands stark verbreitet. Mit ihren gelben Blüten ist die weißbestäubte Akazie *(Acacia dealbata)* im Frühling ein besonderer Schmuck der Küstenstriche. In Straßengräben verwildert treffen wir des öfteren die stachelige Parkinsonia *(Parkinsonia aculeata)* an. Von der Südküste des Kaspischen Meeres stammt der büschelblütige, sogenannte Seidenrosenbaum *(Albizia julibrissin)* mit seinen fein gefiederten Blättern und hellvioletten seidigen Blütenköpfchen. Einer der häufigsten Alleebäume ist der syrische Paternosterbaum *(Melia azedarach)*, der seinen deutschen Namen der Verwendung seiner hübschen, fünfkantigen Samenkerne für Rosenkränze verdankt. Wegen seiner fliederartig duftenden rötlichblauen Blumen nennt man ihn auch den persischen Flieder. Vornehmlich in Sumpfgegenden, aber auch als Allee- oder sogar Waldbaum findet man häufig den Eukalyptus *(Eucalyptus globulus)*. Durch sein schnelles Wachstum entzieht dieser Baum dem Boden viel Wasser und wurde früher häufig zur Bekämpfung der Malariamücke angepflanzt, daher auch sein Name Fieberbaum. In seiner australischen Heimat erreicht der Baum Höhen bis 100 m, während im Mittelmeergebiet die Höhe anderer Bäume kaum überschritten wird. Charakteristisch ist das periodische Abwerfen der Rinde, worunter ein glatter, weißlichgrüner Stamm erscheint.

Erst im 18. Jahrhundert gelangte aus Ostasien ein anspruchsloser, raschwüchsiger Baum ins Mittelmeergebiet, der Götterbaum *(Ailanthus altissima).* Da die Vermehrung vorwiegend durch Ausläufer erfolgt, ist der Baum in immer größeren Beständen vornehmlich auf Schutthalden, altem Gemäuer, Bahngeleisen, aber auch in der freien Natur anzutreffen. Die drüsigen Blätter verbreiten einen intensiven, unangenehmen Geruch. Aus den unscheinbaren Blütenständen entwickeln sich braunrote, geflügelte Früchte, die denen der Esche ähneln.

Mit Ausnahme der auf geringe Bestände beschränkten, bereits von Theophrast erwähnten kretischen Dattelpalme sind alle in Griechenland anzutreffenden Palmen Fremdlinge, hatten jedoch ihres Seltenheitswertes wegen schon im Altertum ihren Platz in Mythos und Kunst. Vereinzelte Exemplare der Dattelpalme dürften schon im Altertum aus Arabien nach Griechenland gelangt sein. Heute ist die kanarische Dattelpalme *(Phoenix canariensis)* ein beliebter Parkbaum. Häufig zu den Palmen gezählt, botanisch jedoch der Familie der Agaven zugehörig, ist die Palmlilie *(Yucca gloriosa),* die je nach dem klimatischen Standort nach fünf bis zehn Jahren aus einer Rosette schwertförmiger, an der Spitze dornenbewehrter Blätter einen rispenförmigen Blütenstand mit glockenförmigen Einzelblüten sprießen läßt.

Aus dem Vorderen Orient stammt die Ölweide *(Elaeagnus angustifolia),* die ihren Namen von den ölhaltigen Früchten und den weidenähnlichen Blättern trägt. Wegen der hübschen Silberfarbe seiner Blätter wurde der Baum im 17. Jahrhundert als Gartenpflanze nach Europa eingeführt. Die Blüten verbreiten einen intensiven, ungewöhnlichen Ledergeruch, und sie entwickeln gelbe, süßliche und mehlige Beeren. Die Ölweide ist hauptsächlich eine Zierde der meeresnahen Küstengebiete.

Unter den eingeführten Ziersträuchern stehen die Kletterpflanzen aus dem tropischen Südamerika mit ihren farbenprächtigen Blüten an erster Stelle. Hier ist vor allem die bedornte *Bougainvillea spectabilis* zu nennen, die in frostfreien Gebieten mit ihren um die unscheinbaren eigentlichen Röhrenblüten gruppierten rotvioletten Hochblättern Wände und Mauern mit einem wahren Blumenvorhang überdeckt. Weit verbreitet und als raschwüchsige Kletterer geschätzt sind

486 auch die Tecomalianen. Ein typischer Vertreter der Ziersträucher ist
495 der chinesische Roseneibisch *(Hibiscus rosa-sinensis)* mit seinem aus
dem roten Blütentrichter weit herausragenden Griffel.

Besonders fremdartig wirkt in Parks oder geschützten Hausgärten
489 die ausgewachsene Form des Gummibaums *(Ficus elastica)*, der sonst
nur als Topf- oder Zimmerpflanze bekannt ist.

Auf trockenen Standorten am Meeresstrand trifft man häufig
Pflanzen, die mit fleischigen, wasserspeichernden Blättern eine besondere Widerstandsfähigkeit gegen die starke Sonneneinstrahlung
entwickelt haben. Es sind dies die aus Südafrika im Mittelmeer einge-
490 bürgerten Mittagsblumen *(Carpobrotus sp.)*, die um die Mittagszeit
einen bunten Blütenteppich entfalten.

Fremdlinge im griechischen Raum und in der Antike noch nicht
bekannt gewesen sind auch manche Obstbäume und Kulturpflanzen,
die heute aus der mediterranen Landschaft nicht mehr wegzudenken
sind. Da sind in erster Linie die Citrusfrüchte zu nennen, deren Hei-
matgebiet im wärmeren Asien liegt. Erstmals hörten die alten Griechen durch den Feldzug Alexanders des Großen von der Existenz
dieser Fruchtbäume und nahmen die Zitrone in Kultur. Die Orange
fand freilich den Weg nach Südeuropa erst um 1500; sie entzückt den
493 Betrachter immer wieder mit dem Bild des gleichzeitig mit Blüten
und Früchten behangenen Baumes.

494 Auch von der indischen Baumwollstaude *(Gossypium sp.)* brachte
der Alexanderzug die erste Kunde nach Griechenland. Die Baum-
wollpflanzungen am Indus erregten bei den Mazedoniern nicht nur
wegen ihrer »Wolle« Aufsehen, sondern auch wegen ihrer fünflappi-
gen, denen des Weinstocks ähnlichen Blätter, die bei den Soldaten
Heimwehgefühle weckten. Im Indusgebiet war Baumwolle als Tex-
tilfaser schon im 3. Jahrtausend v. Chr. bekannt, gelangte aber nur in
Form von hauchdünnen Baumwollgeweben erst zu Anfang der
christlichen Ära nach Byzanz und in den Westen. Die ersten Anbau-
versuche in Europa erfolgten im 10. Jahrhundert durch die Araber.
492 Die amerikanische Tabakstaude gelangte ebenfalls erst im 16. Jahrhundert in ihre heutigen Anbaugebiete auf dem Balkan, wo sie zu
einer der Charakterpflanzen des Landbaus geworden ist.

485 Ein Fremdling aus dem tropischen Afrika ist auch die Banane,
die hin und wieder in Südgriechenland in Gärten und Parks und auf
Kreta in Plantagen angetroffen wird. Der kolbenähnliche Blütenstand der Banane ist gewöhnlich unter einem riesigen Deckblatt ver-

borgen und kommt erst zum Vorschein, wenn die Früchte ausgebildet sind.

Mit den Wurzelballen fremdländischer Pflanzen gelangten ungewollt noch manche Gewächse ins Mittelmeergebiet und damit auch nach Griechenland, die heute als reine Unkräuter gelten. So wurde aus Bermuda der ursprünglich in Südafrika heimische Sauerklee *(Oxalis pes-caprae)* als Zierpflanze in Malta eingeführt und verbreitete sich von dort selbständig über den ganzen Mittelmeerraum. Die leuchtend zitronengelben Blüten sind bereits im zeitigen Frühjahr das Charakterbild von Agrumenhainen, Äckern, Wegrändern und Hecken. Auf die gleiche Art gelangte im 16. Jahrhundert auch eine typische Schuttpflanze nach Griechenland, die heute in den gemäßigten und warmen Zonen aller Erdteile verbreitet ist, es ist der Stechapfel *(Datura stramonium).* Die wirkliche Heimat des Stechapfels ist schwer nachzuweisen. In älteren Büchern ist erwähnt, Zigeuner hätten ihn nach Europa gebracht, denn sie brauten aus den alkaloidhaltigen Blättern der Pflanze ein berauschendes Getränk und Zaubermittel; darum findet man Stechäpfel überall dort, wo Zigeuner rasten, nämlich in der Nähe von Schutthaufen. Die Samen des Stechapfels bleiben sehr lange keimfähig. So ergaben Samen, die während 39 Jahren gelagert wurden, noch eine Keimfähigkeit von 90%. Dies erklärt die Tatsache, daß auf frischem Schutt plötzlich Stechäpfel keimen können, nachdem die Samen über längere Zeit darin lagerten. Der wissenschaftliche Artname *stramonium* ist eine Kreation der Botaniker und bedeutet »Gift, das rasend macht«. Tatsächlich enthält der Stechapfel noch heute in der Medizin angewandte Alkaloide, die auf das parasympathische Nervensystem lähmend wirken. Deshalb gehörte der Stechapfel im späten Mittelalter zu den berühmtesten Zauberkräutern und stand im 18. Jahrhundert im Mittelpunkt der Hexenprozesse.

Mit dieser Vorstellung von einigen erst in jüngerer Zeit in Griechenland eingeführten Pflanzen ist das Thema der vom Menschen zur Zierde oder zur wirtschaftlichen Nutzung aus anderen Erdteilen eingeschleppten Gewächse nicht erschöpft. Mit der Entdeckung der neuen Welt fanden in großem Umfang Nutzgewächse und Blumen Eingang in den Mittelmeerraum, wo sie ähnliche klimatische Voraussetzungen vorfanden wie in ihrer Heimat. Aus dieser Zeit stammen auch Mais, Kartoffel, Tomate und manches heute in der griechischen Küche nicht mehr wegzudenkende Gemüse, wie die Auber-

491

496

215

gine. Es sollte lediglich anhand einiger charakteristischer Beispiele angedeutet werden, daß man sich für ein unverfälschtes Bild vom alten Griechenland alle jene Pflanzen wegzudenken hat, die durch die tropische Üppigkeit ihres Wuchses, ihrer Blüten oder Früchte ohnehin nicht zur Nüchternheit eines arkadischen Landschaftsbildes passen.

Legenden zu Seite 217

439 Getrocknete Knollen verschiedener Orchideenarten werden noch heute als »Salep« zu einem Diätmehl verarbeitet.
440 Fingerwurz-Bestand in einer feuchten Waldwiese *(Dactylorhiza saccifera).*
441 Blütenstand des italienischen Knabenkrauts *(Orchis italica).*
442 Einzelblüte von *Orchis italica,* die dank ihrer verblüffenden Ähnlichkeit mit einem Satyrn vielleicht das ›satyriskon‹ der Alten darstellt.

Legenden zu Seite 219

444 *Dactylorhiza saccifera.*
445 *Orchis quadripunctata.*
446 *Orchis tridentata lactea.*
447 Affenorchis *(Orchis simia).*
448 *Anacamptis pyramidalis albiflora.*
449 Heiliges Knabenkraut *(Orchis sancta).*
450 *Orchis pallens.*
451 *Aceras anthropophorum.*
452 Das punktierte Knabenkraut *(Orchis punctulata)* aus Thrakien.

Legenden zu Seite 222/223

461 Rotes Waldvögelein *(Cephalanthera rubra).*
462 *Neottia nidus avis.*
463 *Cephalanthera damasonium.*
464 *Serapias vomeracea.*
465 *Orchis papilionacea.*
466 Zungenstendel *(Serapias cordigera).*
467 *Limodorum abortivum,* die Dingelragwurz.
468 *Spiranthes spiralis.*
469 *Ophrys speculum,* Venusspiegel.

470 Bocksriemenzunge *(Himantoglossum hircinum).*
471 *Comperia taurica,* eine sehr seltene Bartorchis.
472 *Epipactis atrorubens,* eine Stendelwurz des Hochgebirges.
473 *Platanthera chlorantha,* die grüne Waldhyazinthe oder Kuckucksblume.

439

440

441

442

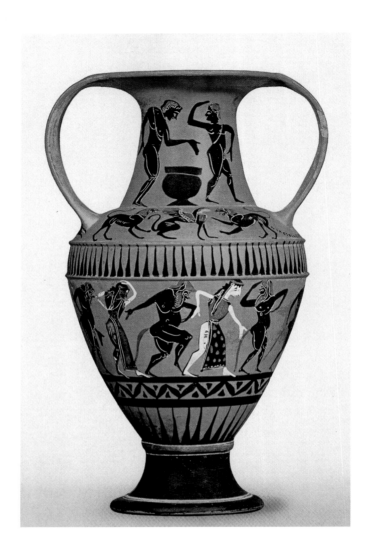

443   Henkelamphora aus der zweiten Hälfte des 6. Jahrhunderts v. Chr. aus einer athenischen Töpferei. Privatsammlung Bellinzona. Zwischen den tanzenden Mänaden Satyrn mit ihren typischen Gebärden, die an die Form der Einzelblüten von *Orchis italica* erinnern.

Legenden zu Seite 219 siehe Seite 216.

444

445

446

447

448

449

450

451

452

219

453

454

455

456

453   *Ophrys sphegodes aesculapii.*
454   Attische Ragwurz *(Ophrys attica).*
455   *Ophrys fuciflora.*
456   Wespenragwurz *(Ophrys tenthredinifera).*

57

458

59

460

457 Bremsenragwurz *(Ophrys bombyliflora)*.
458 *Orchis provincialis.*
459 Gehörnte Schnepfenragwurz *(Ophrys scolopax cornuta)*.
460 *Ophrys lutea.*

461

462

463

464

465

466

467

468

469

Legenden siehe Seite 216.

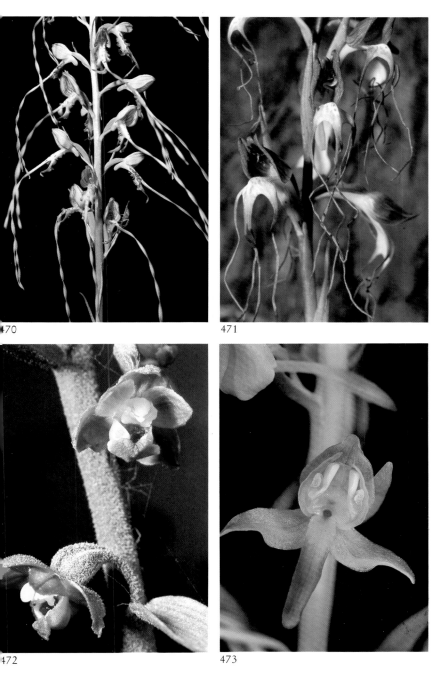

470

471

472

473

Legenden siehe Seite 216.

474

475

476

477   *Agave americana.*   478 *Yucca gloriosa.*   479 *Opuntia ficus-indica.*
480   *Eucalyptus globulus.*   481 *Melia azederach.*   482 *Ailanthus altissima.*

477

478

479

480

481

482

483

484

485

483   *Elaeagnus angustifolia.*   484   *Bignonia grandiflora.*
485   Bananenstaude mit Blüte *(Musa sp.).*

486

487

486   Die Kreuzritterburg von Kos mit tropischem Dekor: Palmen, kunstvoll
gestutzte Tamarisken und am Gemäuer die kletternde Tecomaliane.
487   Die kanarische Dattelpalme *(Phoenix canariensis)* als Park- und Alleebaum
in Lutraki.

88

89

490

91

492

488 *Bougainvillea spectabilis* in einem Garten auf der Insel Hydra.
489 Riesenexemplar eines frei wachsenden Gummibaumes *(Ficus elastica)*.
490 *Carpobrotus edulis*, die gelbe Mittagsblume.
491 Sauerklee *(Oxalis pes-caprae)* ist ein in Obstplantagen und auf Äckern nicht
mehr auszurottendes Unkraut.
492 Tabakfeld in Thessalien.

493

494   495   496

493   Orangenhain in Sparta mit dem schneebedeckten Taygetos im Hintergrund.
494   Baumwollstaude *(Gossypium indicum)* kurz vor der Ernte.
495   Chinesischer Roseneibisch *(Hibiscus rosa sinensis)*.
496   Der erst bei Eintritt der Dunkelheit seine trompetenartigen Blüten entfaltende Stechapfel *(Datura stramonium)*.

SCHLUSSWORT

Es wurde versucht, dem Leser in diesem Buch eine Vorstellung vom Landschaftsbild des alten Hellas zu geben, indem eine Auswahl derjenigen Pflanzen aufgezeigt wurde, zu denen schon die Alten durch ihren Mythos, ihre Kunst oder ihre Bedürfnisse für das tägliche Leben in direkter Beziehung standen. Wir haben dabei gesehen, daß im Gegensatz zur Vergänglichkeit der von Menschenhand geschaffenen Werke diese Pflanzen die Jahrtausende überdauert haben und daß sie dank der Erneuerungskraft der Natur auch die folgenden Jahrtausende unbeschadet überstehen können, wenn sie vom Menschen und seiner heutigen Zivilisation in ihrer Existenz nicht bedroht werden.

Laut den Erhebungen des Europäischen Informationszentrums für Naturschutz beim Europarat sind allein in Griechenland heute schon 53 Pflanzenarten von der Ausrottung bedroht. Soweit es sich dabei um Endemiten handelt, wäre deren Verlust für die Menschheit unwiederbringlich. Mögen es deshalb die Freunde Griechenlands, seiner Antike und seiner Naturschönheiten als selbstverständlich betrachten, auf Reiseandenken in Form getrockneter Pflanzen mit fraglichem Erinnerungswert (Photos sind ja ein viel besserer Ersatz!) zu verzichten, damit sich auch spätere Generationen noch an den Pflanzen der alten Griechen erfreuen können.

Historische Karte Griechenlands.

GLOSSAR

Erklärung botanischer und archäologischer Fachausdrücke, soweit solche nicht bereits im Text erläutert sind

Achäer, im homerischen Epos Sammelname für alle Griechen

Agora, Marktplatz oder Versammlungsort einer Stadt

Amphiktyonia, Vereinigung von Städten um ein bestimmtes Heiligtum

Amphora, zweihenkeliges, bauchiges Gefäß, früher zur Aufbewahrung von Öl und Wein

Chthonisch, unterirdisch, Bezeichnung der unter der Erde mächtigen griechischen Götter

Dryaden, Baumnymphen

Echinus, wulstartiges Verbindungsglied zwischen einem Säulenschaft und der oberen Deckplatte

Endemit, eine auf ein bestimmtes Verbreitungsgebiet beschränkte Pflanzenart

Gorgone, sagenhaftes Ungeheuer mit vernichtendem Blick und Schlangenhaaren

Halophyt, einen salzhaltigen Standort liebende Pflanze

Hecheln, Spinnfasern kämmen und gleichrichten

Herme, Pfeiler mit oberem Abschluß durch einen Bildniskopf, meistens der Hermes

Klephten, griechische Widerstandskämpfer während der nationalen Erhebung gegen die Türken

Krater, weit geöffnetes Gefäß mit Fuß und zwei Henkeln

Lernazeit, Blütezeit der neolithischen Siedlung Lerna am Golf von Nauplia

Macchie, immergrüner Gebüschwald

Mänaden, in ekstatischem Rausche tanzende Gefährtinnen des Weingottes Dionysos

Phrygana, ostmediterrane Strauchfluren

Phytologie, Pflanzenkunde

Rhapsodisch, dichterisch

Sepalen, Kelchblätter einer Blüte

Silen, halbtierisches Wesen wie der Satyr, Begleiter des Dionysos

Stater, antike Zweidrachmenmünze

Stigmata, Griffelnarben einer Blütenpflanze

Tetradrachmon, antike Vierdrachmenmünze

Thyrsos, in einen Kiefernzapfen auslaufender Stab, den Dionysos und die Mänaden tragen

Torrente, im Sommer ausgetrockneter Regenbach

Volute, architektonisches Glied mit spiralförmiger Einrollung

AUSGEWÄHLTE BIBLIOGRAPHIE

Benutzte Ausgaben antiker Autoren

Bezeichnung im Text:

Athenaeus	Athenaeus, The Deipnosophists, Translation by Charles Burton Gulick, London 1969 (Heinemann)
Aristophanes	Aristophanes, die Acharner, hg. Hans-Joachim Newiger, München 1968 (Winkler)
Dioskurides	Pedanios Dioskurides, Arzneimittellehre, übers. und erl. von J. Berendes, Reprint Wiesbaden 1970
	The Greek Herbal of Dioscorides illustrated by a Byzantine AD 512, englished by John Goodyer AD 1655, edited and first printed 1933 by Robert T. Gunther, Reprint New York 1968 (Hafner)
Herodot	Herodot, Historien, hg. und erl. von H. W. Haussig, Stuttgart 1959 (Kröner)
Homer Hymn.	Homerische Hymnen, griechisch und deutsch hg. von Anton Weiher, München 1970 (Heimeran)
Homer Il.	Homer, Ilias, Urtext und Übertragung von Hans Rupé, München 1974 (Heimeran)
Homer Od.	Homer, Odyssee, deutsch von Alexander Schröder, Zürich 1950
	Homer, Odyssee, griechisch und deutsch hg. von Anton Weiher, München 1974 (Heimeran)
	Albert Meyer, Homer Bärndütsch/Odyssee, Bern 1960 (Francke)
	Omerou Odysseia, neugriechisch von N. Kazantzaki-I. Kakridi, Athen 1965
Ovid	Ovid, Metamorphosen, deutsche Übertragung von Erich Rösch, München 1972 (Heimeran)
Pausanias	Pausanias, ou voyage historique de la Grèce, traduit en français par l'Abbé Gédouin, Amsterdam 1733
	Pausanias, Beschreibung Griechenlands, übersetzt mit erklärenden Anmerkungen von Ernst Meyer, Zürich 1954 (Artemis)
Platon	Platon, Tinaios-Kritias-Philebos, hg. von Günther Eigler, Darmstadt 1972 (WBG)
Plinius	Cajus Plinius Secundus, Naturgeschichte, hg. von Max Ernst Dietrich Lebrecht Strack, Reprint Darmstadt 1968 (WBG)
	C. Plinius Secundus, Naturkunde, Bücher XII/XIII Bäume und XX Medizin und Pharmakologie, München 1977/79, (Heimeran)
Theokrit	Theokrit, Gedichte, griechisch-deutsch, hg. von E. P. Fritz, München 1970 (Heimeran)
Theophrast	Theophrasts Naturgeschichte der Gewächse, übers. und erl. von K. Sprengel, Darmstadt 1971 (WBG)
Vergil Aen.	Vergil, Aeneis, lateinisch-deutsch, hg. von Johannes Götte, München 1979 (Heimeran)

Vergil georg.	Vergil, Landleben, hg. von Karl Bayer, München 1970 (Heimeran)
Vitruv	Vitruv, Zehn Bücher über Architektur, übersetzt von Kurt Fensterbusch, Darmstadt 1964 (WBG)
Xenophon	Xenophon, Anabasis, hg. von Walter Müri, Wiesbaden o. J. (Vollmer)

Botanik

Lujo Adamović, Die Vegetationsverhältnisse der Balkanländer, Leipzig 1909, Reprint Vaduz 1976

Walter Artelt, Studien zur Geschichte der Begriffe Heilmittel und Gift, Leipzig 1937, Reprint Darmstadt

Shirley Clifford Atchley, Wild flowers of Attica, Oxford 1938

Josef Bauch, Dendrologie der Nadelbäume, Berlin 1975

Julius Berendes, Die Pharmazie bei den alten Kulturvölkern, Halle 1891, Reprint Hildesheim 1965

Julius Billerbeck, Flora classica, Leipzig 1824, Reprint Wiesbaden 1972

Edmond Boissier, Flora orientalis, Basel 1867–1881

Wolfgang Born, Le kermès et la cochenille de Pologne, Cahiers Ciba Vol. I/10, Basel 1947

Hugo Bretzl, Botanische Forschungen des Alexanderzuges, Leipzig 1903

Petros Broussalis, Dendra ton Ellinikon Vounon, Athen 1967

Petros Broussalis, Greek species of Fritillaria, Ann. Musei Goulandris IV, Kifissia 1978

A. Carnoy, Dictionnaire étymologique des noms grecs des plantes, Louvain 1959

Ileana Chirassi, Elementi di culture precereali nei miti et riti greci, Roma 1968

Sp. Dafis u. a., Zur Vegetation und Flora von Griechenland, Zürich 1975

O. und E. Danesch, Orchideen Europas, Bern 1968 und 1969

Pierre Delaveau u. a., Geheimnisse und Heilkräfte der Pflanzen, Stuttgart 1978

Marcel Détienne, Les jardins d'Adonis, Paris 1972

Char. Diapoulis, Schutzbedürftige prähistorische Pflanzen der Ägäis (griechisch), Praktika prostasias panidas-chloridos-viotopon, I Fysis, Athen 1980

Char. Diapoulis, Elliniki Chloris, Athen 1939–1949

Johann Heinrich Dierbach, Flora mythologica, 1833, Reprint Wiesbaden 1970

Alta Dodds Niebuhr, Herbs of Greece, Athens 1970

Georg Eberle, Pflanzen am Mittelmeer, Frankfurt/M 1965

Europarat, Europ. Informationszentrum für Naturschutz, Liste des plantes rares, menacées et endémiques en Europe, Strasbourg 1977

Barbara Everard & Morley D. Briand, Wild flowers of the world, London 1970

A. L. A. Fée, Flore de Théocrite et des autres bucoloqies grecs, Paris 1832, Reprint Wiesbaden 1973

Guido Feife/Bruno Kremer, Flechten – Doppelwesen aus Pilz und Alge, Stuttgart 1979

Naomi Feinbrun/Ruth Koppel, Wild plants in the land of Israel, Tel Aviv 1960

Stefan Fellner, Die homerische Flora, Wien 1879

Flora europaea I – V, hg. T. G. Tutin u. andere, Cambridge 1964–1980

P. Fournier, Les quatre flores de la France, Paris 1961

Helmut Genaust, Etymologisches Wörterbuch der botanischen Pflanzennamen, Basel 1976

Constantin Goulimis – Niki Goulandris, Wild flowers of Greece, Kifissia 1968

Werner Greuter, Floristic studies in Greece, Bot. Soc. Brit. Isles Conf. Rep. 15, No. 18–37, 1975

E. de Halacsy, Conspectus florae Graecae, Leipzig 1901, Reprint Lehre 1968

Victor Hehn, Kulturpflanzen und Haustiere in ihrem Übergang aus Asien nach Griechenland und Italien, Berlin 1911, Reprint Hildesheim 1963

Theodor von Heldreich, Die Nutzpflanzen Griechenlands, Athen 1862

Theodor von Heldreich, hg. Sp. Miliaraki, Dimodi onomata ton fyton, Athen 1910

Gerd Hermjakob, Die aktuelle und potentielle natürliche Hartlaubvegetation Attikas, Diss. Münster 1977

Gerd Hermjakob, Orchids of Greece and Cyprus, Kifissia 1974

Anthony Huxley and William Taylor, Flowers of Greece and the Aegean, London 1977

Javorka Sandor-Csapody, Ikonographie der Flora des südöstlichen Mitteleuropa, Budapest 1979

Guido Jüttner, Der Arzneischatz der griechischen Ärzte, Jahrbuch Hellenica 1980, Vereinigung der deutsch-griechischen Gesellschaften, Bochum 1980

Friedrich Kanngiesser, Die Flora des Herodot, Leipzig 1910

Dimitri S. Kavvada, Ikonografimenon votanikon fytologikon lexikon, Athen 1956 ff.

Rüdiger Knapp, Die Vegetation von Kephallinia, Königstein 1965

B. Langkavel, Botanik der späteren Griechen, Amsterdam 1964

Kurt Lembach, Die Pflanzen bei Theokrit, Heidelberg 1970

Othmar Lenz, Botanik der alten Griechen und Römer, 1859, Reprint Wiesbaden 1966

Richard Le Strange, A history of herbal plants, London 1977

Karl Mägdefrau, Geschichte der Botanik, Stuttgart 1973

Lizzie B. Marshall, L'horticulture antique et le poème de Columnelle, Paris o. J.

Heinrich Marzell, Zauberpflanzen – Hexentränke, Stuttgart 1964

Mathiolus, Les commentaires de P. André Mathiolus sur les six livres de Pedanios Dioscoride, traduit en français par Antoine du Pinet, Lyon 1642

Desmond Meikle/Electra Megaw, Wild flowers of Cyprus, London 1973

Josef Murr, Die Pflanzenwelt in der griechischen Mythologie, Innsbruck 1890

Erich Nelson, Monographie und Ikonographie der Orchideen-Gattung Dactylorhiza, Zürich 1976

Erich Nelson, Gestaltwandel und Artbildung der Orchidaceen Europas und der Mittelmeerländer, insbesondere der Gattung Ophrys, Chernez-Montreux 1962

Erich Nelson, Monographie und Ikonographie der Orchidaceen-Gattungen Serapias, Aceras, Loroglossumm, Barlia, Chernez-Montreux 1968

Emile Perrot/René Paris, Les plantes médicinales, Paris 1971

Das große illustrierte Pflanzenbuch, hg. Lexikon-Institut Bertelsmann, Gütersloh 1970

El. Platakis, Aeithales platanos en Kriti, Dasika chronika No. 98/1966, Athen

El. Platakis, O Diktamos tis Kritis, Iraklion/Kreta 1975

Oleg Polunin, Flowers of Greece and the Balkans, Oxford 1980

Oleg Polunin, Pflanzen Europas, München 1971

Oleg Polunin/Anthony Huxley, Blumen am Mittelmeer, München 1968

A. Quartier/P. Bauer-Bovet, Guide des arbres et arbustes d'Europe, Neuchâtel 1973

Thomas Raus, Die Vegetation Ostthessaliens, Botanische Jahrbücher, Bd. 100/101, Stuttgart 1979–80

K. H. Rechinger, Flora Aegaea, Wien 1943, Reprint Koenigstein 1973

M. Rikli, Das Pflanzenkleid der Mittelmeerländer, Bern 1943–1948

Caroline Rivolier u. a., hg. Das Beste aus Reader's Digest, Geheimnisse und Heilkräfte der Pflanzen, Stuttgart 1978

Paul Schauenberg/Ferdinand Paris, Heilpflanzen, München 1970

Rudolf Schröder, Öl- und Faserpflanzen, Stuttgart 1963

R. Evans Schultes/Albert Hofmann, Pflanzen der Götter, Bern 1980

August Seidenstricker, Waldgeschichte des Altertums, Frankfurt/O., 1886

Dim. Chr. Settas, O gero-platanos tis Evias, Athen 1972

William T. Stearn, Botanical Latin, Newton Abbot 1973

Arne Strid, Wild flowers of Mount Olympus, Kifissia 1980

H. Sundermann, Europäische und mediterrane Orchideen, Hildesheim 1975

W. B. Turrill, The plant life of the Balkan Peninsula, Oxford 1929

Severino Viola, Die Pilze, München 1972

John Williams u. a., Orchids of Britain and Europe, London 1978

H. C. D. de Wit, Knaurs Pflanzenbuch in Farben, Zürich 1964/65

G. C. Wittstein, Etymologisch-botanisches Wörterbuch, 1852, Reprint Niederwalluf b. Wiesbaden, 1971

A. St. Zacharis, Ta dasi tis Kritis, Athen 1977

R. Zander, herausgegeben von Fritz Encke und anderen, Handwörterbuch der Pflanzennamen, Stuttgart 1979

Archäologie und Landeskunde

Othenio Abel, Lebensbilder aus der Tierwelt der Vorzeit, Jena 1927

American School of Classical Studies at Athens, Garden lore of ancient Athens, Princeton 1963

M. Andronikos, The royal graves of Vergina, Athens 1978

O. Bernhard, Über Heilgötter auf griechischen und römischen Münzen, Schweizer Medizinische Wochenschrift, Jg. 55 No. 12, Basel 1925

O. Bernhard, Die antike Numismatik und ihre Beziehungen zur Medizin, Schweiz. numismatische Rundschau Bd. 26, 1934

O. Bernhard, Pflanzenbilder auf griechischen und römischen Münzen, Zürich 1924

Helmut Berve, Gottfried Gruben, Griechische Tempel und Heiligtümer, München 1961

Hans Biedermann, Medicina magica, Graz 1974

Hagen Biesantz, Die kretisch-mykenische Kunst, Illustrierte Welt-Kunstgeschichte, Zürich 1959

Horst Blank, Einführung in das Privatleben der Griechen und Römer, Darmstadt 1976

Horst Blank, Essen und Trinken bei

Griechen und Römern, Antike Welt No. 1/1980, Feldmeilen

John Boardman, Athenian black figure vases, London 1974

John Boardman, Athenian red figure vases, the archaic period, London 1975

John Boardman, José Dörig, W. Fuchs u. a., Die griechische Kunst, München 1966

Sigwald Bommer, Die Gabe der Demeter, München 1960

Dietrich Brandenburg, Medizinisches bei Herodot, Berlin 1976

H. Brunner u. a., hg. Ulrich Hausmann, Allgemeine Grundlagen der Archäologie, München 1969

Gerda Bruns, Küchenwesen und Mahlzeiten, Archaeologia homerica, Göttingen 1970

Hans-Günter Buchholz u. a., Jagd- und Fischfang, Archaeologia homerica, Göttingen 1973

C. Capelle, Wörterbuch über die Gedichte des Homeros und der Homeriden, Leipzig 1889, Reprint Darmstadt 1968

Sotirios Dakaris, Das Totenorakel vom Acheron, Athen o. J.

Johann Heinrich Dierbach, Die Arzneimittel des Hippokrates, Heidelberg 1824, Reprint Hildesheim 1969

Pierre Ducrey, La maison à mosïques à Eretrie, Antike Kunst 1979/I, Basel

G. A. Faber, La teinturerie en Grèce, Cahiers Ciba Vol. II No. 18, Basel 1948

Paul Faure, Kreta, das Leben im Reich des Minos, Stuttgart 1976

F. M. Feldhaus, Die Technik, ein Lexikon der Vorzeit und der geschichtlichen Zeit, Wiesbaden 1970

Robert Flacelière, La vie quotidienne en Grèce au siècle de Périclès, Paris 1959

Peter Franke/Max Hirmer, Die griechische Münze, München 1964

J. B. Friedrich, Symbolik und Mythologie der Natur, Würzburg 1859, Reprint Wiesbaden 1972

Ioannis Geroulanos, Beehives at Trachones, Attica, The Annual of the British School of Archaeology at Athens, Vol. 68, 1973

Theodor Gomperz, Griechische Denker, Berlin 1922–1931

Grèce, Les Guides bleus, Paris 1956

Pierre Grimal, Dictionnaire de la mythologie grecque et romaine, Paris 1976

Hildegund Groppengiesser, Die pflanzlichen Akrotere klassischer Tempel, Mainz 1961

Hanni Guanella, Kreta, Zürich 1969

Hippokrates, Fünf auserlesene Schriften, eingeleitet und übertragen von Wilhelm Capelle, Zürich 1955

Herbert Hunger, Lexikon der griechischen und römischen Mythologie, Hamburg 1974

F. Imhof-Blumer/Otto Keller, Tier- und Pflanzenbilder auf Münzen und Gemmen, Leipzig 1889

Werner Jaeger, Diokles von Karystos, Berlin 1938

Johannes Jahn, Wörterbuch der Kunst, Stuttgart 1962

Otto Keller, Die antike Tierwelt, Leipzig 1913, Reprint Hildesheim 1963

Friedrich Kempter, Akanthus, die Entstehung eines Ornamentmotivs, Leipzig 1934

Karl Kerenyi, Der göttliche Arzt, Basel 1968

Karl Kerenyi, Die Mythologie der Griechen, Zürich 1951

Karl Kircher, Die sakrale Bedeutung des Weines im Altertum, Gießen 1910

E. Kirsten/W. Kraiker, Griechenlandkunde, Heidelberg 1962

Huldrych M. Koelbling, Arzt und Patient in der antiken Welt, Zürich 1977

Arnold and Connie Krochmal, The complete illustrated book of dyes from natural sources, New York 1974

Fridolf Kudlien, Der Beginn medizinischen Denkens bei den Griechen, Zürich 1967

Albert Kuhn, Allgemeine Kunstgeschichte, Einsiedeln 1909

Marcel Kurz, Le Mont Olympe, Neuchâtel 1923

Ernst Langlotz, Aphrodite in den Gärten, Heidelberg 1954

Giannis Laskaris, To apolithomeno dasos tis Lesvou, Mytilene 1965

Lexikon der alten Welt, Zürich 1965

H. G. Liddell, R. Scott, H. S. Jones, A greek-englisch Lexicon, Oxford 1968

A. von Lindermayer, Die Vögel Griechenlands, Passau 1860

J. M. Loch, Rugs and dyes, Ouranoupolis (Athos Peninsula) 1964

Alfred Mallwitz, Olympia und seine Bauten, München 1972

Spyridon Marinatos, Excavations at Thera IV./V., Athen 1971–72

Spyridon Marinatos, Kreta, Thera und das mykenische Hellas, München 1976

Roland Martin, Architektur der Welt – Griechenland, Fribourg 1966

William Matheson, Auf den Götterbergen Griechenlands, Basel 1936

Ingrid R. Metzger, Gefäße mit Palmetten-Lotus Dekor, Eretria VI, Bern 1978

M. Meurer, Die Ursprungsformen des griechischen Akanthusornaments und ihre natürlichen Vorbilder, Berlin 1896

Emile Mireaux, La vie quotidienne au temps d'Homère, Paris 1954

Walter Müri Hg., Griechische und lateinische Quellenstücke von Hippokrates bis Galen, München 1979

Albert Neuburger, Die Technik des Altertums, Leipzig 1919

Dieter Ohly, Glyptothek München, griechische und römische Skulpturen, München 1977

Julius Orendi, Das Gesamtwissen über Teppiche des Orients, Wien 1930

Der Kleine Pauly, Lexikon der Antike, München 1977

Werner Peek, Fünf Wundergeschichten aus dem Asklepeion von Epidauros, Abhandl. der sächs. Akademie der Wissenschaften zu Leipzig, Bd. 56, Heft 3, Berlin 1963

Alfred Philippson, Die griechischen Landschaften, hg. Ernst Kirsten, Frankfurt/M 1956–1959

Alfred Philippson, Der Peloponnes, Berlin 1892

Kurt Pollack, Wissen und Weisheit der alten Ärzte, Düsseldorf 1968

Kurt Pollack, Die Heilkunde der Antike, Düsseldorf 1969

J. Pollard, Birds in greek life and myth, Plymouth 1977

Marjorie and C. H. B. Quenell, Everday things in ancient Greece, London 1968

Winfried und Renate Remy, Pflanzenfossilien, Berlin 1959

Jane M. Renfrew, The prehistoric food plants of the Near East and Europe, London 1973

Carl Renz, Zur Entdeckung der Trias in der Argolis, Zeitschrift der deutschen geologischen Gesellschaft 1908, S. 79 ff.

Olivier Reverdin/Rudolf Hoegler, La Crète, berceau de la civilisation européenne, Luzern 1960

Gisela Richter, Handbuch der griechischen Kunst, Köln-Berlin 1966

Will Richter, Die Landwirtschaft im homerischen Zeitalter, Archaeologia homerica, Bd. II, Göttingen 1968

Karl Schefold, Frühgriechische Sagenbilder, München 1964

Karl Schefold, Götter- und Heldensagen der Griechen in der spätarchaischen Kunst, München 1978

Karl Schefold, Meisterwerke griechischer Kunst, Basel 1960

Gustav Schwab, Die schönsten Sagen des klassischen Altertums, Basel 1948

Erika Simon, Die Götter der Griechen, München 1980

Erika Simon, Die griechischen Vasen, München 1976

Ferdinand Stademann, Panorama von Athen, München 1841, Reprint Mainz 1977

Franz Strunz, Naturbetrachtung und Naturerkenntnis im Altertum, Hamburg und Leipzig 1904

Vollmer's Wörterbuch der Mythologie aller Völker, 1874, Reprint Wiesbaden 1978

ZU DEN ABBILDUNGEN

Die moderne Fototechnik erschließt eine Reihe von Möglichkeiten, geschriebene Texte sinnvoll zu ergänzen und Einzelheiten aufzuzeigen, die sonst verborgen bleiben müßten. Diese Möglichkeiten auszunutzen hat sich der Autor bei der Auswahl seiner Aufnahmen zum Ziel gesetzt.

Für die Farbaufnahmen diente die Contarex mit dem Normalobjektiv Zeiss-Planar 1 : 2, wobei für die Nahaufnahmen eine Vorsatzlinse in Verbindung mit dem Elektronenblitz verwendet wurde. Um auch den kleinsten Blüten oder den für unsere Untersuchungen benötigten Motivausschnitten gerecht werden zu können, wurde in diesen Fällen das Balgengerät hinzugezogen, das eine vergrößerte Abbildung bereits auf dem Diapositiv erlaubt.

Die schwarz-weißen Aufnahmen wurden mit einer Balgenkamera im Format 6 × 9 cm hergestellt, die mit dem vorzüglichen Heliar 1 : 3,5 aus den Dreißigerjahren ausgerüstet ist.

Die Aufnahmen des Autors wurden ergänzt durch Bilder aus nachfolgenden Archiven:

Mirta Baeriswyl-Lombardi 29
Fred Biossonnas 436
Deutsches Archäologisches Institut Athen 187, 370
Deutsches Archäologisches Institut Rom 4
Ekdotike Athenon S.A., Athen 167
Ioannis Geroulanos 347
Max Hirmer 57, 59, 60, 65, 66, 67, 89, 90, 92, 93, 100, 119, 127, 145, 146, 198, 249, 266, 349, 351, 353, 354, 355, 360, 369, 380, 386, 437, 443
Schweizerische Archäologische Schule Eretria 372
Dieter Widmer 381

Schutzumschlag:
nach einem Farbdia von H. Baumann. Blühender Löwenzahn *(Taraxacum officinale megalorrhizon)* in einer Felsspalte beim Poseidon-Tempel auf Kap Sunion.

REGISTER

Die kursiv gedruckten Zahlen verweisen auf die Bilder und deren Legenden.

Pflanzen

Fingerhut: *Digitalis sp.* 121; *208, 421*

Fingerwurz: *Dactylorhiza sp. 440, 444*

Flechten 162; *324*

Fliegenpilz: *Amanita muscari 272*

Flockenblume: *Centaurea sp.* 73, 209; *125, 126, 412, 414, 419*

Frauenhaar: *Adiantum capillus-veneris* 77; *134*

Fraxinus ornus 64; *99*

Fritillaria bithynica 208; *406*

Fritillaria graeca 208; *403*

Fritillaria obliqua 208; *404*

Fritillaria pontica 208; *407*

Fritillaria rhodocanakis 208; *405*

Fumana thymifolia 242

Galanthus nivalis subsp. reginae olgae 84; *142*

Galium verum 154; *306*

Geaster hygrometricus 135; *276, 277*

Gemswurz: *Doronicum columnae* 207; *394*

Genista acanthoclada 18

Gentiana asclepiadea 124; *232*

Geranium macrorrhizum 428

Geranium sanguineum 208; *427*

Geranium striatum 208; *426*

Geranium subcaulescens 208; *429*

Geranium tuberosum 208; *430*

Geranium versicolor: Geranium striatum 426

Germer weißer: *Veratrum album* 111; *181*

Gerste 142

Gesneriaceen *432, 433*

Gewitterblume: *Sternbergia lutea* 184; *364*

Ginster: *Genista sp. 18*

Gladiole: *Gladiolus sp.* 84; *143*

Gladiolus italicus 84; *143*

Gladiolus segetum: Gladiolus italicus 84; *143*

Glaskraut: *Parietaria judaica* 118; *200*

Glaucium corniculatum 336

Glaucium flavum 122; *213*

Globularia alypum 122; *226*

Glockenblume: *Campanula sp.* 85, 163; *147, 148, 149, 150, 330, 335, 408*

Götterbaum: *Ailanthus altissima* 213; *482*

Golddistel: *Scolymus hispanicus* 126; *241*

Gossypium sp. 214; *494*

Granatapfel: *Punica granatum* 50, 130, 138; *84, 86, 266, 286*

Gummibaum: *Ficus elastica* 214; *489*

Günsel: *Ajuga sp.* 88; *153, 155*

Haberlea sp. 209

Harnstrauch: *Osyris alba* 126; *235*

Hauhechel: *Ononis spinosa* 127; *239*

Hauswurz: *Sempervivum sp.* 122; *229*

Hedera helix 163

Helianthemum nummularium 310

Helichrysum orientale 88; *152*

Helleborus cyclophyllus 104; *176, 177*

Herbstzeitlose: *Colchicum sp.* 111; *183, 184, 185, 186, 328*

Hermodactylus tuberosus 65; *107*

Hibiscus rosa-sinensis 214; *495*

Himantoglossum hircinum 470

Holunder: *Sambucus sp.* 122; *209*

Holzbirne: *Pyrus amygdaliformis* 135; *281*

Hopfenseide: *Cuscuta epithymum 74*

Hornkraut: *Cerastium sp.* 207; *397*

Hornmohn: *Glaucium sp.* 122; *213, 336*

Huflattich: *Tussilago farfara* 123

Hundsrose: *Rosa canina* 77, 124; *129*

Personennamen

Ortsnamen